賢者の毒

留守晴夫

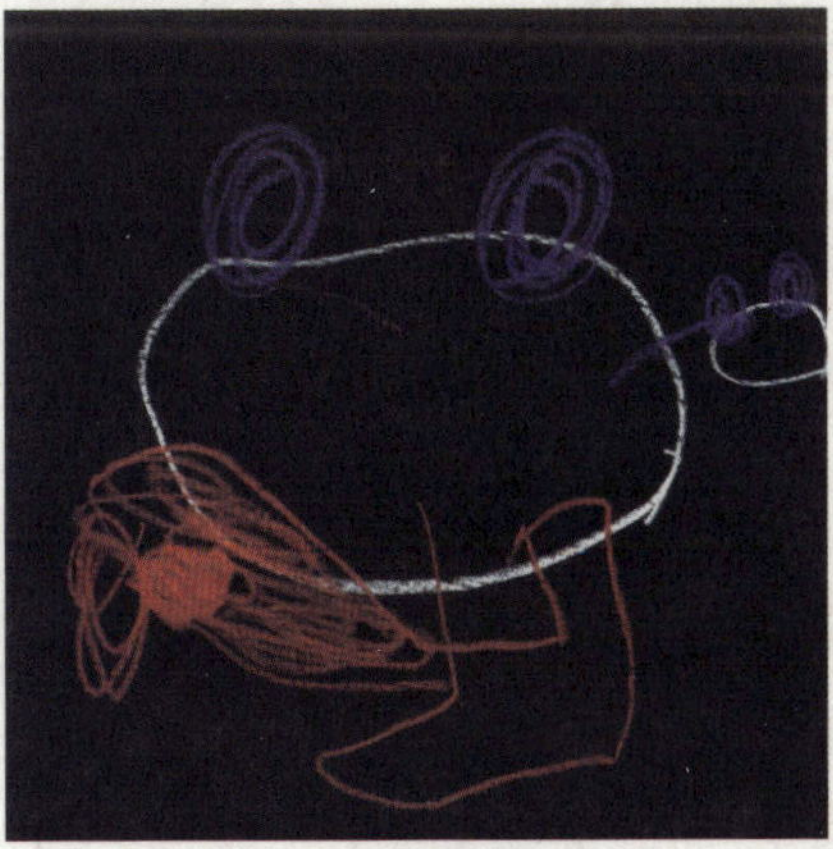

房

賢者の毒

目次

〈日本篇〉

歐米篇

アイスキュロス

紀元前五二五～四五六

ギリシャの劇作家。三大悲劇詩人の一人（他はソポクレス、エウリピデス）。アテナイ近郊の聖地エレウシースの神官の家に生れる。二十六歳の折に初上演を認められて以來、凡そ九十篇に及ぶ作品を物するが、今日まで完全な形で傳はつてゐるのは「オレステイア」三部作、「ペルシャの人々」、「テーバイの七將」、「縛られたプロメテウス」、「救ひを求める女達」のみである。非常な愛國者でもあつて、ペルシャ戰役に際しては有名なマラトン戰に參加してペルシャ軍と戰ひ、その事を生涯無上の誇りとした。「ペルシャの人々」は同戰役に取材したもの。

ペルシャの人々

紀元前五世紀、ペルシャ戰役の頃の話である。ペルシャのダレイオス大王は二度に亙《わた》りギリシャに遠征軍を派遣するが、紀元前四百九十年、マラトン戰で敗北し、四年後に死亡する。その六年後、息子のクセルクセス王は父王の戒めに背《そむ》いて第三次ギリシャ遠征を敢行、サラミスの海戰に於てギリシャ軍と激突する。

舞臺《ぶたい》はペルシャの首府の王宮の前。長老達が戰局を案じてゐると、ダレイオスの后《きさき》だつたアトッサが現れ、クセルクセスの凶運《きょううん》を暗示する不吉な夢を見たと語る。そこに使者が登場して、ペルシャ軍の大敗北の有樣を告げる。一日にしてか程の人数が死んだ例《ため》しはなく、勇将達は皆屈辱的な最期を遂げ、海邊《うみべ》近くの見晴しのよい丘に坐してゐた王は「底知れぬ敗北の悲慘」を目《ま》の邊《あた》りにして、衣を引裂き、激しい悲嘆に暮れながら、「無慘な退卻《たいきやく》」を命じたのだといふ。

　長老達は過酷な運命を呪ひつつ、クセルクセスと異りダレイオスがかかる悲運を免れたのはなぜかと問ひ、ダレイオス王の陵墓《りようぼ》に赴き、ペルシャの「不幸をいやす藥」、「嘆きをいやすお方」を呼び求めて、から祈る。王は悲慘な戰でも兵《つはもの》達を失ふ事無く、巧みな用兵故に「神のごとき知者」と稱《たた》へられる「聖王」であられた、「おう、去りし時代の聖王よ、いでたまへ」。すると、ダレイオスの亡靈が陵墓の頂《いただき》に現れて、から語る。自分が國に不幸を招かなかつたのは「わきまへを心の舵とりにしたからだ」。然《しか》るに、クセルクセスは「若い考へにおぼれて、わしの訓戒をわすれ」、「はげしい氣性」の赴く儘《まま》ギリシャ遠征を思ひ立ち、浮橋《うきはし》を考案して大軍勢を渡す路を作つたが、それは「人間でありながら、愚かしくも、よろづの神々を、とりわけポセイドン（海神）」を支配しようとしたに等しく、さういふ傲慢こそが奴の「心の病」に他ならぬ。今回の悲運は「傲慢にも神を忘れた行ひのむくいだ」、「人間は、傲慢な思ひを抱いてはならぬ。傲慢は花をつけ、破滅の道をみのらせる、みのりの秋はとめどない涙を刈りとるのだ」、さう云つて、クセルクセスを諫《いさ》めるがよい。

　史實に基いた作品であり、上演されたのはサラミスの海戰から八年後の事であつて、しかも上演當時、ギリシャは未だペルシャと交戰中で、アテナイ海軍はペルシャ海軍を驅逐《くちく》しつつあり、アテナイを盟主としてギリシャは正に大隆盛《りゆうせい》期を迎へんとしてゐたのだが、さういふ時期に、アイスキュロスは勝者たる祖國ギリシャを讚へるのではなく、敗者たる敵國ペルシャの立場に立つて、「わきまへ」の大事を説き、「傲慢」の危險を戒めたのである。アイスキュロスの悲劇の全ては、己れが只の死すべき存在でしかないとの自覺と不安を人間が忘れて安逸《あんいつ》な眠りを貪《むさぼ》る事の無い樣に、「不安の目をさます役」、「見張り役」たる事を意圖《いと》して作られたと、ワインシュトックは名著「ヒューマニズムの悲劇」（樫山欽四郎譯）に書いてゐる。人間には何處《どこ》迄も「人間の苦しみ」が附纏《つきまと》ふもの、ともダレイオス王は云ふが、人間なるが故の愚行や悲慘にギリシャ人ペルシャ人の別も、無論、日本人の別もない。硫黃島戰の米軍最高指揮官ホーランド・スミス中將は回想錄に、日露戰爭の勝利後、日本が「アメリカであれ何處《どこ》であれ、相手になつてやらうといふ樣な、身の程知らずの態度」を露《あら》はに示すのに驚いた、と記してゐるが、その種の夜郎自大《やらうじだい》を批判した清澤冽《きよさはきよし》の如き氣骨《きこつ》ある知識人は發言を封殺《ふうさつ》される事となる。アイスキュロスの昔から、「見張り役」の重要性は何ら變りはしないが、それが殆ど無力でしかないのも、これ又何時の世にも變らない。

（久保正彰譯、「ギリシャ悲劇全集Ⅰ」、人文書院）

ヨブ記（舊約聖書）

紀元前五世紀～三世紀頃？

舊約聖書中の一書。作者不詳。「箴言《しんげん》」、「傳道の書」等と共に所謂「智慧《ちゑ》文學」と稱《しよう》せられるジャンルに含まれる。「義人の苦難」を主題として、ゲーテの「ファウスト」やドストエフスキーの「カラマーゾフの兄弟」を始め、西洋文學に甚大な影響を與へてゐる。メルヴィルは「モービー・ディック」に於て、主人公の捕鯨船船長エイハブが追跡する巨大な白い抹香鯨を「ヨブの鯨」と呼んでゐる。

其の一

紀元前四五世紀頃に作られた話である。パレスティナのウヅの地にヨブといふ名の富豪がゐた。七人の息子と三人の娘に恵まれ、多くの家畜を持ち、幸せに暮してゐたが、何よりも「完全《まったく》かつ正しくして神を畏《おそ》れ惡に遠ざかる」信仰の篤《あつ》さによつて知られてゐた。

或日、天上で神の許に「神の子等」が集り、サタンもその中にゐた。神がサタンに、ヨブ程「神を畏れ惡に遠ざかる人世にあらざるなり」と云ふと、サタンが答へる、「ヨブあにもとむることなくして神を畏れんや」、「汝の手を伸《の》べて彼の一切の所有物《もちもの》を撃《う》」てば、ヨブは必ず汝を呪はん。神は云ふ、それならヨブの持物の一切をお前に任せよう、が、「かれの身に汝の手をつくる勿《なか》れ」。

やがてヨブは突如次々に災厄《さいやく》に襲はれ、財産を失ひ、子供達にも死なれて了ふ。然るに、ヨブは上衣を裂き地に伏して云ふ、「我裸にて母の胎《はら》を出《いで》たり又裸にて彼處《かしこ》に歸らん」、神は與《あた》へかつ取り給ふ、神の御名《みな》は讃《ほ》むべきかな。かうしてヨブは「全く罪を犯さず神にむかひて愚かなることを言は」なかつた。

或日、神の許に又「神の子等」が集り、サタンもゐたが、神がサタンに、お前は「われを勸《すす》めて故《ゆゑ》なきに」ヨブを苦しめさせたが、ヨブは罪を犯さなかつたではないか、と云ふと、今度はサタンはかう答へる、「なんぢの手を伸べて彼の骨と肉とを撃」てば、ヨブは必ず汝を呪はん。神は云ふ、ヨブをお前に任せよう、が、「只かれの生命を害《そこな》ふ勿れ」。

サタンはやがて「ヨブを撃ちて」全身に「惡しき腫物《はれもの》を生ぜしむ」る。ヨブは狂はんばかりの痒《かゆ》みに苦しみ灰の中に坐り燒物の碎片《さいへん》で全身を掻きむしる。この期《ご》に及んで「尚も己を完《まつた》う」せんとするか、「神を詛《のろ》ひて死するに如《しか》ず」と妻は云ふが、「愚かなる婦《をんな》の言」だとてヨブはそれを斥《しりぞ》け、「その唇をもて罪を犯」す事が無かつたのである。

以上が冒頭の二章であり、サタンの「ヨブあにもとむることなくして神を畏れんや」と云ふ臺詞《せりふ》は、舊約の神の要求する信仰の本質を凝縮《ぎようしゆく》した言葉と云へよう。舊約の神とは、人間が何も「もとむることなくして」、卽ち信仰への如何なる見返りをも期待せずして、只管《ひたすら》畏れ敬はねばならぬ存在なのであり、「完全かつ正し」い信仰者とされるヨブは、不幸ならざる生といふ見返りを神に「もとむる」事も決して無い道理だから、それを與へてくれぬとて神を呪ふ事もあつてはならない。ヨブが神を呪へば、それはサタンの言葉の正しさを證明する事にしかならない。

　これを要するに、舊約の神とは、人間の欲求や願望や理解を絕した存在なのであつて、さういふ絕對者の恐るべき神祕性・超越性は舊約の昔から西洋人の心を捉へ續けて來た。誰が救はれるか救はれないかは神が豫《あらかじ》め定めてをり、人間には決して解らないとするカルヴァンの豫定《よてい》說の神も、人間の目には「神は隱されてゐるといふ事を肯定しない宗敎は眞實ではない」とするパスカルの「隱れ在《いま》す神」も、神は人間との「如何なる約束にも義務にも縛られぬ」とするジョナサン・エドワーズの「怒れる神」も、何れも被造物との決定的な斷絕《だんぜつ》を本質と成してをり、「古事記」の昔から八百萬《やほよろづ》の神々の集《つど》ふこの秋津島《あきつしま》の文化とは全く無緣の神である。

　それに又、神自身が認めてゐる通り、ヨブは「故なきに」苦しめられる譯だが、R・シウォールの云ふやうに、さういふヨブは「オイディプスやプロメテウスをも淩《しの》ぐ不當な苦難の象徵」として、これ又現代に至る迄西洋人の心を捉へて離さないのである。

其の二

ヨブの災禍を知つて、エリパズ等三人の友がヨブを「慰めんとて」やつて來る。ヨブは彼等に向つて、我は「我心の痛」みによりて物云ひ、我魂の「苦しきによりて歎かん」と云ひ、信仰に於て全く悖《もと》る事の無かつた自分がかかる災厄《さいやく》を被《かうむ》つたのは何故か、「すでに我の罪なきを知」り給ふ神が自分を何故こんな目に遭はせるのか、その譯《わけ》が知りたい、おう、神よ、「何とて御面《みかほ》を隠し我をもて汝の敵となし」給ふや、我は「全能者に物言」ひ「神と論ぜん」事を望むと叫ぶ。

すると、三人の友は代る代るヨブを難じるのだが、その言分は詰る處同一であつて、例へばエリパズは「請ふ想《おも》ひ見よ誰か罪なくして亡びし者あらん義者《ただしき》の絕《たた》れし事いづくに在《あり》や」と云ふ。詰り彼等はヨブに對し、お前の苦難は罪を犯した報いでしかなく、正義の神は正當な罰を下されたに過ぎないと云ひたいのだ。苦しむ友を「慰め」るどころか、何とも冷酷な言種《いひぐさ》だが、ヨブは卻《かへ》つて友人達を罵倒《ばたう》して云ふ。汝らは「いつはりを造り設《まう》くる者」、「皆無用の醫師《いし》なり」。

然《しか》らばヨブにとつての眞實とは何か。彼は云ふ。神は全き者と惡しき者とを等しく滅し給ひ、災の俄《には》かに人を殺す如き事あれば罪なき者の苦しみを笑ひ見給ふ。或は云ふ。或人は榮へを極め穩かに安らかに死し、或人は心を苦しめて死し終に幸ひを味はふる事なし、共に齊《ひと》しく塵《ちり》に臥《ふ》して蛆《うじ》に蔽《おほ》はる。或は又云ふ。孤兒を母の懷《ふとこ》ろより奪ふ者あり、貧しき者衣なく裸にて歩き飢ゑつつ麥束《むぎたば》を擔《にな》ふ、町より人々の呻《うめ》き立昇り傷つけられたる者の叫び起る、然れども神はその怪事《くわいじ》を省み給はず。

　これを要するに、正義の神が存在するのなら、人の生は何故かくも殘酷で理不盡《りふじん》としか思へぬ出來事に滿ちてゐるのか、ヨブはそれが云ひたい。さういふ人の世の昔も今も變らぬ眞實の姿に目を向けようとせず、因果應報《いんがおうほう》の紋切型《もんきりがた》に甘んじてゐるから、友人達は「いつはり」を語る「無用の醫師」でしかないのである。

　處《ところ》で、ドストエフスキーの「カラマーゾフの兄弟」には、「ヨブ記」と同じ問題が扱はれてゐるとE・グッドハートは云ひ、作中のこんな逸話を紹介してゐる。主人公の一人ドミトリーが夢を見る。草原を馬車で走つてゐると、突然、子供連れの女に遭ふ。火事で焼け出されて、家を無くして彷徨《さまよ》つてゐるのだ。ドミトリーは何故子供が泣いてゐるのかと御者に問ふと、家が焼けたからだと御者は答へる。だが、グッドハートによれば、ドミトリーが訊きたかつたのは、何故この世は、家が焼けて、罪の無い子供が苦しまねばならぬ様に出來てゐるのか、といふ事だつた。續けてグッドハートは書いてゐる。「ドミトリーの問ひ掛けは、ヨブが自らに發した問ひ掛け、卽ち凡《あら》ゆる時代に於て何度も繰返し發せられねばならぬ問ひ掛けであり、一つの時代の知的誠實を證《あか》すのは、それがこの問ひ掛けを發して、答へを求める能力を有するか否かである」。

「カラマーゾフの兄弟」は固より、シェイクスピアの「リア王」も、メルヴィルの「白鯨」も、カフカの「城」も、それぞれの時代の「知的誠實」の證《あか》しに他ならないが、それはともかく、「ヨブ記」の最後で神は三人の友に怒りを發し、我について汝等が語つた事は我僕《しもべ》ヨブの如く正しくない、と云つて叱責《しつせき》する。即ち神はヨブの「知的誠實」を嘉《よみ》するのである。宗教も哲學も文學も、ヨブの樣に、まづは人の世の眞實の在るが儘を正直に見据ゑる處から全ては始まらねばならないが、それは頗る難しい事だから、何時の世にも、答へ無き問題を答へあるが如くに思ひ做《な》して、「無用」の處方箋《しよはうせん》を書きたがる手合は跡を絶たない。

（「文語譯舊新約聖書」、日本聖書協會）

クリストファー・マーロウ

一五六四～一五九三

イギリスの詩人、劇作家。カンタベリの靴職人の家に生れるが、奨學金を得てケンブリッヂ大學に學び、在學中から文筆活動を開始する。所謂「大學出の才子」の一人。エリザベス朝演劇の基調たる「無韻詩形」（ブランク・ヴァース）に初めて劇的生命を賦與《ふよ》し、後代に大きな影響を及ぼす。懷疑思想に染つて無神論者との惡評を被《かうむ》り、司直の追及の手が伸び始めた矢先に、かつての仲間に刺殺されるが、事件の眞相は今以て謎である。

マルタ島のユダヤ人

地中海のマルタ島のユダヤ商人バラバスは東西交易によつて巨萬の富を築き、强國トルコの艦隊が島に押寄せて來ても、島内の緊張を他所《よそ》に、島民が皆殺しにされようが「おれと娘と、おれの財産が助かりや、それでいい」と嘯《うそぶ》いてゐる。艦隊がやつて來たのは、トルコに朝貢《てうこう》するマルタ島の總督に對し滯納分の貢物《みつぎもの》を卽刻全納せよと要求する爲であつた。困卻《こんきやく》した總督はユダヤ商人達から財産を捲上げ急場を凌《しの》がうとするが、バラバスは强く抵抗し、その擧句《あげく》、全財産を沒收される。

　怒つたバラバスは「絶對絶命となりやどんな策を弄《ろう》してもかまはん」とて、財産の奪還及び總督への復讐を劃策《かくさく》し、娘のアビゲイルに總督の息子が戀慕《れんぼ》してゐるのを幸ひ、彼と娘の戀人とが戀の諍《いさか》ひを起すやうに仕組んだ結果、二人の戀仇《こひがたき》は殺合ひをして死んで了ふ。アビゲイルは二人が父の復讐心故に死んだ事を知つて、世を儚《はかな》みユダヤ教を捨てキリスト教の修道院に入る。バラバスは激怒して、父祖の信仰や父親を捨てるなど言語同斷、許せぬとて、修道女達に毒入りの粥《かゆ》を食はせて皆殺しにする。アビゲイルは今際《いまは》の際《きは》に修道士に父親の惡業を告白して死ぬ。

　修道院の葬儀の鐘が鳴り、「キリスト教徒の弔《とむら》ひの鐘ほどいい音樂はないなあ」とバラバスが悦《えつ》に入つてゐると、修道士達がやつて來て、祕密を握つてゐる事を仄《ほの》めかす。バラバスは、奴らが「おれを死刑にする材料を手に入れてゐる」以上「生かしておくわけにはいかん」とて、策略を用ゐて修道士達を亡き者にするが、手下に裏切られて彼の惡事の一切が總督に知られて了ふ。

　バラバスは窮地《きゆうち》に陷るが、マルタ島の支配權を狙ふスペインが總督を味方につけトルコ軍を撃退せんとしてゐるのを知つて、トルコ軍を密かに島に誘ひ入れ、總督を捕へさせ、自ら總督の地位を手に入れる。が、マルタ島民に憎まれた儘《まま》では己れの地位と權力は不安定たらざるを得ないと考へた彼は、「いちばんおれに得をさせてくれる奴がおれの友だちになるのさ」と嘯いて、今度は囚はれの身の前總督に近づき、トルコ軍を騙《だま》し皆殺しにしてマルタ島を解放してやらうと持掛けて、多額の報酬及び終身總督の地位を約束させる。

「天が下にこれほどの欺瞞《ぎまん》が行はれたことがあるか」とて、バラバスは意氣揚々の體《てい》だつたが、土壇場《どたんば》になつて、前總督にどんでん返しを喰ひ、トルコ軍の爲に自ら仕掛けた罠に自ら嵌《はま》り、煮え滾《たぎ》る大釜の中で悶え死ぬ。

英國ルネッサンスの頂點たるエリザベス朝演劇を自らも代表し、シェイクスピアにも大きな影響を與へたクリストファー・マーロウの作品であるが、時に人間的な弱點も示す「ヴェニスの商人」のシャイロックと異り、バラバスの主我主義の徹底ぶりは何ともはや凄《すさま》じい。マーロウは無神論者の嫌疑《けんぎ》をかけられた事もあるさうだが、いかにも彼の主人公は舊來《きうらい》の宗教や道德の束縛を踏み躙《にじ》つて憚《はばか》らない。マーロウは冒頭の「序詞」をイタリア・ルネッサンスを代表するマキャヴェリに語らせ、現實世界に於ける權謀術數や血や力の役割の重要性を強調させてゐるが、T・S・エリオットの云ふ「超人間的な恩寵などの附加されてゐない人間そのもの」の眞實を描いたマキャヴェリへの共感無くして、バラバスなるマキャヴェリアンの怪物の出現も無かつたであらう。「おれほど自分に近い奴はゐない」とか、「人の仕合はせはわが仕合はせならず」とか、「おれはからして生きるんだ、全世界は滅びるがいい」とかと彼は云ふが、それらは、新たな眼で人間性の眞實を直視したルネッサンス人の頗《すこぶ》る率直な感懷《かんかい》の吐露《とろ》でもあつた。

（小津次郎譯、「エリザベス朝演劇集」、筑摩書房）

フォースタス博士の悲劇

ドイツはウィッテンベルヒのフォースタス博士はありとある學問の蘊奥《うんあう》を究《きは》めた揚句、「學問の輝ける賜物《たまもの》に食傷《しよくしやう》し」今や「惡魔の業《わざ》」たる魔術に惑溺《わくでき》するに至る。「利益と悅樂が、いや權力が、名譽が、全能が」約束される魔術に精進して「神に近い」存在にならう、「さうだ、神になるために」魔法の書を懸命に學ばうと決心する。とは云へ、彼とてもかかる不遜《ふそん》な思ひを戒《いまし》める「善天使」とそれを唆《そその》かす「惡天使」との葛藤《かつとう》に胸中苦しみはするが、結局は惡の誘惑に負け、大魔王ルシファーの配下メフィストフィリスを呼出してから告げる。今後二十有餘年、お前が常に俺に仕へ、俺の欲しがるものは何でもくれ、思ふ樣《さま》官能の欲に浸《ひた》らせてくれるならば、その「奉仕の代償として魂を賣り渡す」用意があるとルシファーに傳へてくれ。

かくしてファウストは二十四年の契約期限を定め、期限切れの曉《あかつき》には「靈肉、身體、血、及び財產」を剝奪《はくだつ》され地獄に墮《おと》されても否《いな》やはないと記した證書をルシファーと取交はす。だが、その後も彼は「天上の喜び」を失つた事を悔い、墮地獄《だぢごく》の恐怖に戰《をのの》き、改心も試みるが、とどの詰り、「地獄にはありとあらゆる樂しみがある」とのルシファーの誘惑の言葉に屈して惡魔に魂を賣り渡して了ふ。

以後二十四年間、彼は世界中を飛び囘つて天文の諸々の祕密を探り、快樂と放蕩《はうたう》に耽り、至る處で豐かな學識を披露し、魔術を用ゐて人々を驚かし、ローマ教皇にすら惡戲《いたづら》を仕掛ける。彼の名聲は全世界に及び、ドイツ皇帝を始め多くの讚仰《さんぎやう》者を獲得するが、やがて契約期限の時が迫ると絶望と不安が彼を襲ふ。「フォースタス、用意はよいか、もうすぐ期限がきれるのだぞ」と、「地獄が誓約の履行《りかう》を迫」り「うなり聲《ごゑ》をあげて叫」ぶのだ。

フォースタスは「氣違ひのやうに絶望にさいなまれ」、「荒れ狂ふ頭は妄想を次々とたくらみ」、官能の喜びの裡に恐怖を忘れようとするが、メフィストフィリスは「すべては無駄」だと冷たく宣告して泣き喚《わめ》くフォースタスに云ふ、「もう遅すぎる。(中略)地上で笑ひ興ずる馬鹿どもは地獄で泣く仕組みになつてゐるのだ」。最後の晩、フォースタスの書齋から「凄慘《せいさん》な叫び聲」がして、翌朝、書齋の床には彼の「四肢《しし》が死の手にかかつてずたずたに引き裂かれて」ゐた。

ファウスト傳說を題材とした最初の傑作であり、後にゲーテも敬意を表したマーロウの代表作であるが、「マルタ島のユダヤ人」同樣異常な欲望に驅《か》られる人物を主人公とはするものの、作品の色調は隨分違ふ。R・シウォールの云ふ樣に、フォースタスは「信仰するが故に存在する」とする中世的人間觀と、「思考し行動し發見するが故に存在する」とするルネッサンス的人間觀との「ディレンマ」の裡に生きてゐる。或時メフィストフィリスがフォースタスに云ふ、「天國ならざる一切の場所こそすなはち地獄なのだ」。フォースタスが「地獄などいふものはお伽話《とぎばなし》にすぎ」まいと云ふと、彼は答へる、「さう考へておくがよい。自分で體驗《たいけん》したら意見も變《かは》らう」。詰りマーロウにとつて地獄は「お伽話」どころではなかつた。「天國ならざる」現世も地獄以外のものではなく、そこは「傲慢・貪欲・嫉妬・憤怒・大食・怠惰・好色」といふ「七大罪惡」に塗《まみ》れた人間どもの「永劫の住ひ」に他ならない。けれども同時に、被造物《ひざうぶつ》でありながら全知全能の「神になりたい」と冀《こひねが》ふフォースタスもマーロウの中には强烈に生きてゐた。かかる「對立物の共在」故のダイナミックな二元論こそが西洋を非西洋と峻別《しゅんべつ》する、卽ち西洋を西洋たらしめる根源的な精神傳統に他ならない。

（平井正穗譯、「エリザベス朝演劇集」、筑摩書房）

セルバンテス

一五四七～一六一六

スペインの作家。マドリード近郊の大學町の貧しい家庭に生れる。正規の學校教育は殆ど受けてゐない。二十代の頃、軍隊に入りレパントの海戰で勇敢に戰つて負傷したり、海賊の奴隷となつて辛酸《しんさん》を舐《な》めたりした後、歸國して結婚し、小説や戲曲を書くが、物にならず、文筆を捨て、下級の役人生活をして糊口《ここう》を凌《しの》ぐ。が、計算を誤つたり、公金を預けた銀行が破産したりして、二度に亙つて投獄され、不遇な窮乏生活を送る中で、「ドン・キホーテ」を執筆する。一六〇四年、第一部を刊行するや、たちまち世の喝采を博し、十一年後に第二部を出した。

愚かな物好きの話

フィレンツェの町にアンセルモとロターリオといふ、同い年で裕福で、深く信頼し合ふ二人の獨身者がゐたが、アンセルモが名家の美しい令嬢カミーラに惚込んで結婚した後も、二人の友情は少しも損なはれる事が無かつた。處が、或日、アンセルモが友に内心の苦惱を打明けてから語つた。どう見ても幸福な僕なのに、「およそ奇妙な、常《じやう》軌《き》を逸《いつ》した願望」に取憑《とりつ》かれ、我乍《なが》ら呆れ果て、それを拂《はら》ひのけようと必死になつてゐるがどうにもならない。驚くロターリオにアンセルモは云ふ、實は妻が眞に「善良で貞節な女かどうか」が氣になつてならず、「どれほどの誘惑に耐へ得る」

女かを確かめる爲の試練を課して、妻がそれに耐へ抜いた時に初めて「僕は自分の幸せを比類ないもの」と信じられる事になるのだ、そこで、君だからこそ頼む、妻を誘惑してみては貰へまいか。

　ロターリオは憤慨して、「神の御心にそむくやうなことに友情を用ゐてはなら」ぬとて、友の愚劣を諌《いさ》め翻心《ほんしん》を迫るが、アンセルモは己が「病氣」を治すには「奇策」に訴へるしかないとて讓らず、已《や》む無くロターリオは親友の頼みを受入れる。が、カミーラは頗る志操《しさう》堅固な女だつたし、ロターリオも當初は本氣で誘惑する積りなど毛頭無かつた。然るに、すつたもんだの末、何時しか二人は「人間の情慾に打ち勝つ」事が出來なくなつて、相思相愛《さうしさうあい》の仲になつて了ふ。

　かくて「裏切り者の友」ロターリオは細君には何の懸念も無いとアンセルモに告げ、「愚かな夫」はすつかり満足して心安らかに日を送る。が、事情を知つたカミーラの侍女レオネーラが女主人のふしだらを良い事に自分も男を邸内に連込み、それが一因となつてカミーラとロターリオの關係が露見《ろけん》しさうになつた爲、カミーラは夫を欺《あざむ》くべく迫眞《はくしん》の「いかさま芝居」を演じ、アンセルモはこの世で最も體《てい》よく騙《だま》された男とは成り果てた。

　處が、やがてレオネーラは密會《みつくわい》の現場をアンセルモに押へられ、短劍で威嚇《ゐかく》されて、許してくれたら「重大なことを打ち明ける」と約束する。それを知つたカミーラは侍女が一切を白狀する積りだと思込み、寶石《ほうせき》を持出して逃走する。アンセルモは漸《やうや》く己が不幸と愚昧《ぐまい》を悟り、憔悴《せうすい》して死ぬ。ロターリオはナポリに走つて軍隊に入り、スペイン軍と戰つて死ぬ。それを知つてカミーラは尼になるが、程無く悲嘆の裡に死ぬ。

「ドン・キホーテ」に本筋とは無關係に插入された話だが、騎士道の理想の復活なる見果てぬ夢を懐《いだ》いて現實に敗れ去る、「愚かな物好き」の權化《ごんげ》ドン・キホーテを創造した如何にもセルバンテスらしい作品である。アンセルモはこんな手紙を遺して死んだ。僕は「妻を赦《ゆる》してゐる」とカミーラには傳《つた》へてほしい、「彼女に奇蹟を行なふ義務はなく」、僕が「彼女にそれを强要できるはずもなかつたのだ。いかにも、人間誰しも「奇蹟を行なふ義務はな」いし、それを他者に「强要できる」人間も存在しない。アンセルモは神ならぬ身の人間に奇蹟を求め、求められた方は如何にも神ならぬ身の人間らしく振舞つた。そして、神にしか許されぬ不遜《ふそん》の代價《だいか》は死であつた。ナサニエル・ホーソンの有名な短篇「痣《あざ》」の主題もそれである。然《しか》るに、一八九五年、「代表的アメリカ人」の一人と稱《たた》へられるO・W・ホームズ・ジュニア米最高裁判事はかう云つた、「一體、誰に耐へられようか、名譽《めいよ》といふ愚かしくも崇高な觀念の存在せぬ世界、可能性の限界を超える認識を我物にせんとの無分別極まる情熱の存在せぬ世界、達成不可能こそが正しくその本質をなす眞の理想の存在せぬ世界、そんな世界に一體《いったい》誰が」。世界に冠たるドン・キホーテ國家アメリカの魂の正に端的な表現である。
（牛島信明篇譯、「セルバンテス短篇集」、岩波文庫）

ウィリアム・シェイクスピア
一五六四〜一六一六

イギリスの劇作家、詩人。イングランド中部の町ストラットフォード・アポン・エイヴォンに生れる。作家生活二十年程の間に、常にエリザベス朝劇壇の第一人者の地位を維持し、戯曲三十七篇及び長短七篇の詩を遺す。「ロミオとジュリエット」、「ヴェニスの商人」等を發表する邊りから圓熟期を迎へるが、一六〇〇年代に入り、エリザベス朝の衰退の兆候が現れ出した頃から作品に深刻な翳《かげ》りが目立つやうになり、「ハムレット」、「オセロー」、「マクベス」、「リア王」の所謂四大悲劇に於て人間性の恐るべき深淵を剔抉《てきけつ》する。一六一一年の「あらし」に於て、主人公プロスペローは最後に魔法の杖を折るが、シェイクスピア自身もこの作品を機に筆を折つた。

あらし

　大嵐の中、ナポリ王アロンゾー、ミラノ大公アントーニオーらの乘る船が遭難して絶海の孤島に漂著する。島には元ミラノ大公プロスペローが愛娘ミランダと共に暮してゐた。十二年前、彼は弟アントーニオーの惡巧《わるだく》みとナポリ王の策謀とによつて大公の座を追はれたのだが、嵐は、その復讐を遂げるべく、學問を究めたプロスペローが「怒りの魔法」の力によつて惹き起したものだつた。

　船が漂著すると、プロスペローはナポリ王子ファーディナンドを王の一行から切離して、獨り渚を彷徨《さまよ》ふ裡にミランダと出會ふやうに仕向ける。若い二人は忽《たちま》ち戀《こひ》に落ちるが、王子は愛の眞實を證《あか》すべく、何千本もの丸太を運び積上げるといふ苛酷な試練を課せられる。一方、ナポリ王の一行だが、王子が溺死したと思込んだアントーニオーは王の弟セバスティアンを唆《そそのか》し、王を殺して王位を簒奪《さんだつ》せんと謀《はか》るが、凶行の寸前、プロスペローの操る妖精に沮《はば》まれる。

　また、島に棲む怪物キャリバンはプロスペローから恩義を被《かうむ》つたにも拘らず、ミランダを陵辱《りようじよく》しようとして失敗して以來、嚴しい折檻《せつかん》を受けるのを恨んでプロスペローへの憎惡を募《つの》らせ、密かにその殺害を謀るが、これまた妖精に沮まれる。

　やがてプロスペローは試練に耐へた王子を祝福してミランダとの結婚を許す一方、ナポリ王の一行に魔法をかけて幻影を見せ、ナポリ王、セバスティアン、アントーニオーの罪を暴いて嚴しい神罰を豫告《よこく》する。王は前非を悔い、他の二人は錯亂狀態となる。けれども、結局、「大事なのは道を行ふ事であつて、怨みを霽《はら》す事ではない」と信じたプロスペローは、「怒りの魔法」を投棄てて王と和解し、他の二人の惡黨も赦《ゆる》してやる。王は若い二人の結婚を祝福して目出度く幕は下りる。

「あらし」はシェイクスピア最後の作品であり、和解と赦しとによつて締括《しめくく》られる一方、ドーランの云ふやうに、そこには「この世のあるが儘の姿」が赤裸々に描かれてゐるのだが、それは如何に矛盾に滿ちた姿である事か。父親しか人間を知らなかつたミランダが王達の一行を見て、「ああ、素晴らしい、新しい世界が目の前に、かういふ人達が棲んでゐるのね、そこには！」と叫ぶと、プロスペローが「寂しい笑ひを浮べながら」、「お前にはすべてが新しい」と呟く。この件りについてメルヴィルは、「ミランダがこの臺詞《せりふ》をどんな人間に關して語つてゐるかを考へてみよ——それからプロスペローの密《ひそ》やかな評言を——何と恐しい！」と書いてゐる。ミランダには野心故に兄を裏切り王の殺害をも謀るアントーニオーの惡魔性も人間の恐るべき眞實だといふ事が分らない。しかし、プロスペロー卽ちシェイクスピアはそれを知拔いた上で、若い二人の「愛情の麗しき出會ひ」を祝福する。純愛の美しさに打たれるのも人間の眞實だからだ。

一方、あの「生れながらの惡魔」の「曲つた根性、躾《しつ》けではどうにもならぬ」とプロスペローが匙《さじ》を投げる醜惡な怪物キャリバンが實に美しい臺詞《せりふ》を口にする。「時には歌聲が混じる、それを聽いてゐると、長いことぐつすり眠つた後でも、またぞろ眠くなつて來る——さうして夢を見る。雲が二つに割れて、そこから寶《たから》物がどつさり落ちて來さうな氣になつて、そこで夢が醒めてしまひ、もう一度夢が見たくて泣いた事もあつたつけ」。

人間は天使と惡魔との間で引裂かれた矛盾の塊《かたまり》なのであり、メルヴィルはシェイクスピアから「人間に關する究極的な知識」を學んで、それを知つたからには「さしたる驚愕《きやうがく》に襲はれる事はあり得ない」と書いた。さういふ眞の人間知を如何にして吾物と成すか、吾々日本人にとつてそれ以上の大事は無いとさへ私は思ふ。

（福田恆存譯、新潮文庫）

ピエール・コルネイユ

一六〇六～一六八四

フランスの劇作家。ノルマンディー地方に生れ、辯護士の資格を得て官職に就きながら劇作に勵《はげ》む。一六三七年、悲喜劇「ル・シッド」をパリで初演して大成功を収め、以後、主人公の貴族ル・シッドの示す雄々しいヒロイズムがコルネイユの作品の基調となる。その後、古典劇理論に合致した悲劇「オラース」、「シンナ」、「ポリュークト」等を次々に發表するが、晩年を迎へると、悲劇ではラシーヌが、喜劇ではモリエールが時代を支配するに至り、コルネイユは不遇の裡にパリで死ぬ。

オラース

紀元前七世紀、王政時代のローマは、「地上唯一の帝國」たるべしとの神意に基く使命感と、「榮光を追ひ求める氣高い情熱」とに驅立《かりた》てられて、隣國アルバと今にも戰端を開かんとしてゐた。が、開戰直前、アルバの執政官が兩軍の前に進み出て、兩國の國王に向つてから語る。元來、吾等は血筋を同じくし、今も互ひに婚姻によつて結ばれ、深い縁がある兩國なのに、からして殺合つて共同の敵を喜ばせるのは愚かではないか。寧ろ、互ひに選抜《えりぬ》きの三人の勇士を選び出し、彼等の闘ひに運命を委ね、負けた國は勝つた國に從つて、兩國が一つの帝國になる様にしたらどうか。

執政官の提案は受諾され、ローマは騎士オラースとその二人の弟を、アルバは貴族キュリヤスとその二人の弟を選び出す。處が、オラースはキュリヤスの妹サビーヌと結婚したばかりだつたし、キュリヤスはオラースの妹カミーユを許嫁《いひなづけ》にしたばかりだつた。しかも二組の若い男女は共に深く愛し合つてゐた。あるローマの婦人が云ふ様に、「あれほどのお友だち、あれほど緣の深い方々が、お國のために死を賭《と》しての決鬪をなさらう」といふ、實に「不幸な運命」に見舞はれる事になつたのである。

自らが選ばれた事を知つて、オラースはキュリヤスに云ふ。「今運命は、力の限りを盡くして不幸を作り上げ、我々の勇氣と對決しようとしてゐる。我々が平凡な男でないとわかつたから、運命の奴、尋常でないやり方で、我々に武運を競はせてくれるのだ」。キュリヤスが云ふ。「これほど敵意に滿ちた運命を迎へるとは。私は敢然として自分の義務に勵《はげ》むが、心は逆らつてゐる。それ故に私は、恐れにをののく。私自身を哀れに思ふ」。オラースが云ふ。「我々の不幸は大きい。この上ないほど大きい。だが私は、その不幸をじつと直視する。決して恐れはせぬ」、「祖國の命令とあれば、私は喜んでただひたすらその榮譽《えいよ》を受け容れる。その命令が與《あた》へられたといふ光榮だけで、ほかのすべての感情は押し殺してしかるべきだ」。

三兄弟同士は激しく鬪ひ、オラースのみが生き殘る。許嫁を殺されたカミーユは兄のオラースとローマを激しく呪ひ罵倒する。名譽を傷つけられて激怒したオラースは妹を殺して了ふが、その罪を償ひ死を以て自らの榮光を守るべく、死を賜《たまは》りたいとローマ國王に願ひ出る。國王は云ふ、オラースよ、生きるのだ、「餘りに高潔なる戰士よ」、その「高邁《まい》なる熱情こそ」が「大罪をなしたのだ」、生きて國家の爲に盡《つく》すがよい。

キュリヤスの悲哀に同情してオラースの異常な迄の名譽心に反撥する讀者もゐようが、作者コルネイユは、この作品に限らず、己が名譽の爲に苛酷な運命と飽迄も戰はうとする「高邁なる」强者を好んで描いた。彼の英雄達にとつては、不幸が大きければ大きい程、それを克服し得た精神の榮光は大きいのだ。或る評家の云ふ樣に、彼の作品の「原動力は自由」であり、それは「初めから與へられた自由ではなく、鬪ひ取つた自由」なのであつて、さういふコルネイユをナポレオンは大層愛して、「王侯にしてやりたかつた」と云つたのだが、「英雄的な民族」を求めて已まなかつた如何にもナポレオンらしい感想だとゲーテは語つてゐる。コルネイユは己れを驅立てる「鞏固《きようこ》にして高貴なる目的」を全作品に充滿せしめて、己が「作品の魂を民族の魂たらしめ」得た稀有《けう》なる劇作家だつたからだといふのである。敗戰後、吾々日本人はアメリカから「與へられた自由」にどつぷり浸《つか》つて、「民族の魂」なんぞには風馬牛《ふうばぎう》だが、何時の世にも、世界にはそんな民族ばかりがゐる譯ではない。

（伊藤洋譯、「コルネイユ名作集」、白水社）

モリエール

一六二二〜一六七三

フランスの劇作家。本名はジャン＝バチスト・ボクラン。パリの裕福な町人の家に生れ、若くして自由思想に觸《ふ》れて、「女房學校」、「タルチュフ」、「人間嫌ひ」、「守錢奴」、「病は氣から」等々、束縛や僞善、誇張や狂信を嗤《わら》ふ喜劇の傑作を次々と發表するが、その結果、宗教團體《だんたい》の激しい非難を浴び、公開禁止の憂目《うきめ》を見る事も少からず、役者でもあり劇團の座長でもあつた彼の生涯は、一面、宗教界との闘爭の歴史でもあつた。「病は氣から」の主人公を演じる初演の舞臺で倒れ、その晩自宅で絶命するが、教會に憎まれてゐた爲臨終の祕蹟も受けられず、埋葬も國王の仲裁でやうやく許可されたといふ。

病は氣から

パリに住む財産家のアルゴンは、身體は健康そのものなのに自分で勝手に重病を患つてゐると思込み、毎日藥をどつさり飲んでは貪欲で無能な醫《い》者《しゃ》達の食ひ物にされてゐる。しかも、醫者を婿にすれば何かと安心だらうからとて、戀人のゐる長女を若い阿呆な醫者と無理矢理結婚させようとして悶著《もんちゃく》を惹き起す。一方、アルゴンの若い後妻は、口では夫を愛してゐると云ひながら、肚《はら》の底では夫の死を冀《こひねが》ひ、あまつさへ、アルゴンの前妻の娘達を尼寺に押込んで財產を獨占《ひとりじ》めにしようと企んでゐる。そんな後妻の魂膽《こんたん》について、アルゴンは弟のベラルドや女中のトワネットから散々警告されるのだが、てんで聞く耳を持たうとしない。

　詰りアルゴンは「お醫者病」を患ひ藥漬けになつてゐるばかりか、後妻の「張りめぐらしたわな」に「まんまと引つかかつて」ゐる何とも愚かでお人好しな男なのだが、彼を覺醒させるべくベラルドとトワネットが奇策を用ゐて、まづは主治醫を追拂ふのに成功すると、今度はアルゴンに死んだ振りをさせて妻の本心を確かめさせる。夫が死んだと思つて喜んだ妻が思はず本心を暴露すると、さすがのアルゴンも現實に目覺めて己が愚昧《ぐまい》を反省する。

　だが、それでも彼の「お醫者病」は治らない。アルゴンは再び死んだ振りをして、長女の自分に對する純粋な愛情を確かめると、長女が戀人と結婚するのをやつと許す氣になるが、但し、戀人が醫者になつてくれたら、といふ條件をつけるのだ。すると、どうしても醫者無しではゐられないといふのなら、自分が醫者になれば一番安心だらうとベラルドに云はれて、愚かしくもアルゴンがその氣になつた處で、この喜劇は幕となるのだが、これを要するに、アルゴンは最後の最後迄「お醫者病」を克服する事が出來ないのである。

　作者モリエールの醫者嫌ひは有名だが、この作品に出る醫者達も、「盲目的に古人の學説を遵《じゅん》守《しゅ》」するばかりで、「子供だましのハッタリ」でしかない古典の知識は溜込《ためこ》んでゐても、人體なる「神祕」の本質の究明にはとんと無關心だから、肝腎の病氣の治療については全く無知だし、「病人を助けたい一心」などと口先では云ふが、實は患者から金を毟《むし》り取る事しか念頭に無い。それなのに、そんな醫者や醫學を有難がる手合が世間に多いのは、畢竟《ひつきやう》、人間が「弱い」からだとベラルドは云ふ。いつの世にも「人間のなかには美しい妄想がもぐりこんで來て」、それに浸《ひた》つてゐれば「惡い氣がしない」ものだから、「ついそれが眞實だと思ひ込みたくなる」のであり、醫者や醫學に賴りたがるのも、詰りはその種の「妄想」でしかないといふのである。

モリエールはこの作品の執筆中、惡質の胸部疾患に苦しみ、初演の公演中に急死して了ふ。愚かしきアルゴンは、死の切迫を知つたモリエールが「己が弱さをパロディ化した姿」だとの云ひ傳へがあるといふ。事實とすれば見事な作家魂と云ふ他はない。ベラルドやトワネットは理性の聲《こゑ》を代辯《だいべん》するが、如何に理性の聲に從はうと努めても、感情がそれを許さず、「美しい妄想」に縋《すが》り附きたがるのも人間である。モリエールは內なるアルゴンをとことん笑ひのめす事によつて、己れの自我の眞實を剔抉《てきけつ》しようとしたのかもしれぬ。

とまれ、モリエールの昔も今も、人間は誰しも「惡い氣」がするのは大嫌ひだし、さういふ弱點につけ込むペテン師はいつの世にもなくならない。そしてそれは洋の東西を問はないが、「美しい妄想」に惑溺《わくでき》せずして眞實を飽迄も直視せんとする精神の强靭《きやうじん》は、「眞實を追ふ狩人」たるソクラテス以來の西洋ならではの傳統であり、それなくしては近代科學もあり得なかつた。

（鈴木力衛譯、岩波文庫）

ジャン・ラシーヌ

一六三九〜一六九九

フランスの劇作家。パリ北東の小村に生れる。三歳の時孤兒となり、人間の罪性を強調するジャンセニズムの敬虔な信者の祖母に育てられ、十歳からジャンセニズムの據點《きよてん》たるパリ郊外のポール・ロワヤル修道院の附屬學校で教育を受ける。二十代半ばに發表した戲曲がモリエールの一座で上演され、その後、悲劇「アンドロマック」、「ベレニス」、「フェードル」等、傑作を次々に發表するが、就中《なかんづく》「フェードル」は人間の罪深い本性を赤裸々に表現して、ジャンセニズムに通じる要素を濃厚に孕《はら》む。「フェードル」後、藝術家としての野心も名譽も捨て、演劇界から引退、眞摯《しんし》な信仰者として讚美歌や宗教悲劇を書いて生涯を終へる。「ラシーヌの回心」は「ランボーの沈默」と並んで、フランス文學史上の謎めいた大事件とされる。

アンドロマック

トロイ戰爭でギリシャの英雄アキレウスがトロイの英雄ヘクトールを斃《たふ》し、トロイが滅亡して後の話である。アキレウスの子でトロイ滅亡に大功のあつたエポール王ピリュスは、ヘクトールの妻アンドロマックと遺兒アスチアナクスを虜《とりこ》にして王宮で面倒を見てゐた。彼はスパルタの王女エルミオーヌと婚約してゐたのだが、アンドロマックに心を奪はれ、浮き立つ思ひでエポールを訪れたエルミオーヌに強い屈辱を味はせた。處《ところ》が、アンドロマックは亡夫への貞操を守らうとしてピリュスの云ふなりにならうとしない。ピリュスは怒り、戀情《れんじやう》と憎惡とに心が引き裂かれる。

そんな折、ギリシャ軍總司令官アガメムノーンの子オレストがエポールに現れる。ギリシャは仇敵トロイの復活を恐れ、ヘクトールの血統を斷つべく遺兒の引渡しを強く要求してをり、オレストはそれを告げにやつて來たのだが、實は彼には別の目的があつた。彼はエルミオーヌを戀《こひ》してゐたが、つれない態度しか示されず、屈辱の餘り死なうとさへ思つてゐた。處が、今やピリュスがエルミオーヌやギリシャ國民を怒らせてもアンドロマックに夢中になつてゐるのを幸ひ、エルミオーヌを拉《らつ》し去らうと企んだのだ。

だが、やがてピリュスは己れが「戀の炎の奴隸となつて、その戲《たはむ》れに弄《もてあそ》ばれ」てゐると悟るに至り、アンドロマック母子をギリシャに引渡してエルミオーヌと結婚すると宣言する。オレストは絶望のどん底に陥り、エルミオーヌは喜びで有頂天になる。

けれども、その事を知るとアンドロマックは翻心して、ピリュスと結婚すると云ふ。遺児を彼に託した上で、結婚直後に自殺して、亡夫への貞節《ていせつ》を守らうとしたのだ。それと知らぬピリュスは喜び、結婚式の支度を命じる。

エルミオーヌは逆上し、オレストにピリュスを殺せと命じる。オレストは婚禮の席でピリュスを殺す。然るにエルミオーヌはオレストを激しく詰《なじ》り、ピリュスの屍《しかばね》の上で我身を刺し貫く。オレストは狂亂《きやうらん》の裡に意識を失ふ。

フランスの大悲劇作家ラシーヌの出世作である。アンドロマック以外の主要人物は皆「戀の炎の奴隷となつて、その戯れに弄ばれ」て破滅する。中でもエルミオーヌの曝《さら》け出す愛憎の感情は凄《すさま》じい。ピリュスを殺して復讎《ふくしゆう》してやる、「思つてもぞくぞくする」と語る彼女は、オレストに殺害を命じて後から獨《ひと》り言《ご》つ、「自分で自分が分からない、この狂ほしい思ひは?」「ああ! 愛してゐるのか、憎んでゐるのか、それさへ知る事が出來ないのか?」そしてその揚句、ピリュスを殺したオレストを罵《ののし》つて云ふ、「戀に狂つた女」の言葉を眞に受けるなんて、この私の「心の底の底」をどうして讀めなかつたのか。

モリエールの「人間嫌ひ」の主人公アルセストは「戀は理性ではどうにもならない」と呟くが、

戀に限らず、「理性ではどうにもならない」諸々の感情が人間誰しもの「心の底の底」には確實に潛んでゐる。「自分で自分が分からない」とのエルミオーヌの「狂ほしい思ひ」は人間ならではのものなのだ。「アンドロマック」の十年後、ラシーヌは代表作「フェードル」を書く。女主人公のフェードルは情欲と良心との悲痛な葛藤に苦しんだ末、情欲を制し得ぬ己れに絶望して毒を呷《あふ》る。「フェードル」執筆後、ラシーヌは若き日の信仰に回歸して演劇界から隱退し、讃美歌と宗教劇を書いて生涯を終へた。畢竟《ひつきやう》、人間を超える存在の助け無くして「どうにもならない」のが人間である。然るに吾國には改憲論議を始め、さういふ突詰めた人間觀の强靱な傳統の不在ゆゑの空騷《からさわ》ぎが如何に多いか。

（渡邊守章譯、「フェードル／アンドロマック」、岩波文庫）

フェードル

アテナイ王テゼが遠征に出て半年餘りが過ぎた頃、留守を預る王妃フェードルの樣子が尋常でない。何やら「深い苦しみ」でもあるらしく、夜も眠らず食物も攝《と》らず、窶《やつ》れ切つて寢床に臥《ふ》せつてばかりゐる。腹心の乳母エノーヌにも「一思ひに死にたい」と呟くが、涙を流して心配するエノーヌを見て、遂に胸の内を打明け、先妃《せんぴ》の息子イポリートへの「物狂ほしい戀」を告白し、かう語る。「自分の戀犯してゐる罪は、心の底から恐ろしい」。「自分のが憎くてならない」。けれども、「黒々と燃上る戀のほむら」をどうする事も出來ないのだ。

そこへ侍女がやつて來て、遠征先での王の死を告げる。するとエノーヌがフェードルに云ふ。王との「現《うつ》し世の縁《えにし》の絲《いと》が切れた」以上、イポリートへの戀はもはや「世にありふれた戀」でしかなくなつた。それゆゑ、今後は彼と共に生きて國を治めたらよい。フェードルはエノーヌの説得を受入れ、イポリートに思ひを打明ける事にする。

が、イポーリリートには密かに想ふ娘がゐた。舊《きう》王家の姫アリシイで、かつての敵對者の血筋だからとて、交際を禁じられてゐたのだが、王が死んだからには構ふまいとて、イポリートは胸の内を告白し、二人は愛を誓ひ合ふ。

それと知らぬフェードルは、「物狂ほしい戀」の思ひを熱烈に訴へる。イポリートは仰天し蒼白となり、「こんな恐ろしい祕密はどうしても忘れて了はう」とて、國を離れる決心をする。フェードルは己が行爲を強く恥ぢ、消え入るばかりの思ひでゐる。そこに、死んだ筈の王が無事歸國したといふ知らせが届く。愕然《がくぜん》としたフェードルが死を決意すると、エノーヌが云ふ。王妃の「面目を保つためなら」、「人の道を外れる」事になつても仕方がない、イポリートの方から云ひ寄つたのだと、自分が王に云ひ附けよう。フェードルは錯亂《さくらん》の裡にエノーヌに全てを任せる事にする。

エノーヌの讒言《ざんげん》に王は激怒し、イポリートを呼び附け難詰《なんきつ》する。イポリートは自分が愛してゐるのはアリシイだと語つて無實を主張するが、王は聞き入れようとせず、海神の呪ひを掛け國外に追放する。

イポリートのアリシイへの愛を王から聞かされたフェードルは嫉妬に悶え狂ひ、アリシイを生かして置けぬとさへ思ふが、同時に、さういふ己れの狂熱の淺ましさに絶望する。そして、「およそ人間に弱さは附き物」であり、「戀の力に負けた人は、あなた様お一人きり」ではない、と慰めるエノーヌに、激怒して叫ぶ。お前はどこまで私を墮落させる積りか。顔も見たくない。退れ。エノーヌは走り去り、海に身を投じる。

やがて、追放されたイポリートが海神の手に掛り非業の死を遂げる。フェードルは王に一切を告白し、毒を仰いで死ぬ。

この作品で描いたのは「神の恩寵《おんちょう》なき人間の悲慘」であるとラシーヌは云つたといふ。ラシーヌにとつて、人間を超える存在の助けなくして、人間は己れの「弱さ」を克服出來ぬ頗る「悲慘」な存在でしかなかつた。フェードルが正にさうであつて、「序文」にラシーヌが書いてゐるやうに、彼女は「情慾を憎む事にかけては、決して人後《じんご》に落ちない女」であるにも拘らず、情慾からどうしても逃れられず、良心と情慾との悲痛な葛藤に苦しんだ擧句《あげく》、いつそ戀仇《こひがたき》アリシイを殺害しようかとさへ思ひ、そこで己が罪深さを徹底的に思ひ知る。さういふフェードルにとつて、「およそ人間に弱さは附き物」などといふ言種《いひぐさ》は、正に「墮落」への誘惑でしかなかつた。良心の重荷を振り捨て氣樂になれと云つてゐるに等しいからだ。それゆゑ、エノーヌを退け自ら毒を仰いだフェードルは、自己を嚴しく罰する事によつて、人間としての良心の存在を證《あか》した事になる。だが、それは同時に、生きてある限り、情慾を遂に征し得ぬといふフェードルの絶望の證しでもある。

しかもラシーヌによれば、フェードルが「道ならぬ情慾の虜《とりこ》」となつたのは、「運命と神々の怒りによつて」であつた。それは詰り、フェードルといふ一個人を超える大いなる力が彼女を支配してゐたといふ事だが、それは本質的に何時の世にも變らぬ人間の在り様《やう》なのである。さういふ力について、昔の人間は「神々」を云ひ、現代人は遺傳や環境を云ふのだが、いづれにせよ、昔も今も人間は宿命の軛《くびき》の下にある。けれども、フェードルの最期が示すやうに、ラシーヌの人間観は頗る嚴しいものであつて、人間が宿命の名の下に己れを甘やかす事を許さない。たとひ「運命と神々の怒り」にフェードルが押し流されたのでしかなかつたとしても、それへの全責任を彼女は自らの良心の問題として引受けねばならない。餘りに嚴し過ぎると、或は讀者は思ふかもしれない。だが、例へば精神異常とか遺傳の影響とかを引合ひに出して、凶惡犯をも辯護するのが現代の風潮だが、それは人間を宿命の奴隷と看做し、その良心の存在を否定し去る事であつて、實はそれは恐るべき人間蔑視《べつし》に他ならないのである。

（内藤耀譯、岩波文庫）

ハインリヒ・フォン・クライスト

一七七七〜一八一一

ドイツの小説家、劇作家。フランクフルトに生れる。軍人の家系で自らも軍職に就くが、退官して故郷の大學を卒業後、作家として立つ決心をする。激越な情熱家で、悲劇「ペンテジレーア」はそれをよく現してゐるが、反面、最後の傑作「公子ホムブルク」が證すやうに、秩序や法則の重要性も無視しなかつた。文筆家としては不遇であり、ナポレオンの壓迫下の祖國の衰運も相俟《あひま》つて、人生に深く絶望するに至り、最後は、不治の病に苦しむ人妻と共にピストル自殺を遂げる。

公子ホムブルク

十七世紀後半、プロイセンの母胎となるブランデンブルク選帝侯國がスウェーデンと戰ひ合つてゐた頃の話である。選帝侯の甥の公子ホムブルクは勇猛な騎兵隊司令官である一方、夢想家の青年でもあつた。或る時、戰鬪の後、彼は木陰で休んでゐて夢を見る。彼が父とも慕ふ選帝侯に武勳を褒《ほ》められ、選帝侯の姪の美しい公女ナターリエに月桂冠を被せて貰ふ夢である。爾來《じらい》、この甘い夢が心から離れず、選帝侯から重要な命令が下された時も心は上の空だつたが、その命令とは、情況を誤認して時期尚早の突撃を行はぬ樣、突撃の時機は司令部より派遣する將校が公子に傳《つた》へるので、決して自らの判斷で突撃してはならぬといふものであつた。

然るに、戰鬪となるや、血氣に逸《はや》るホムブルクは部下の制止に耳を藉《か》さず、軍の命令よりも己が「心の命令」に從はうとする。しかも選帝侯が砲火の中乗馬もろとも土煙の中に倒れる光景を見て、「怒りと復讐の念に驅られ、さながら暴れ熊」の様になつて敵の堡壘《ほるい》に突撃し、味方に大勝利を齎《もたら》したのであつた。

ホムブルクが選帝侯の死を嘆き悲しんでゐると、選帝侯の馬に乗つてゐたのは別人で、選帝侯は無事だつた事が判明する。皆は大喜びする。だが、選帝侯は命令を待たずに突撃したホムブルクの軍律違反に激怒して云ふ。「偶然の手の仲立ち」による勝利、「偶然のむすこ」でしかない勝利なんぞ欲しくはない。今後、この身は何度も戰はねばならぬ。さればこそ軍律の嚴守を望む。それこそが「母として、次々に勝利を生んでくれる力」だからだ。選帝侯は軍法會議の開催を要求し、ホムブルクへの死刑判決を承認する。

ホムブルクは死の恐怖に震へ上り、「墓穴が口を開いて」自分を待受けてゐるといふ想念に取憑《とりつ》かれ、「命が助かりたい」とて取り亂《みだ》し、見るも無殘な爲體《ていたらく》をナターリエの前で曝《さら》け出す。ナターリエは選帝侯の許に助命嘆願に赴いて叫ぶ、「ああ、人間の偉大さ、人間の名譽とは、いつたい何なのでございませう！」

選帝侯はホムブルクが判決の意味を男らしく了

解し得る人物と信じてゐたから、驚いてホムブルクに手紙を書く。自分の「處置《しよち》を不當と考へ」るなら、その旨通告されたい。さすれば直ちに助命の措置を執らう。ホムブルクは「最後の決定」を自分に委ねてくれた選帝侯の深い信頼に心打たれ、「氣高い態度」を示す方に「卑劣な人間」として答へる譯には行かぬとて、判決に服する決心をする。ホムブルクの態度に選帝侯は喜んで、彼にもう一度戰鬪の指揮を委ねる事にする。

近代ドイツ文學を代表する一人、ハインリッヒ・フォン・クライストの最後の作品である。クライストは若い頃から「外界の偶然に左右されない確固たる幸福を自己の內面に求めようとする青年」だつたと或る學者が書いてゐる。してみれば、「偶然のむすこ」でしかない勝利を嚴しく斥《しりぞ》ける選帝侯の言葉は、クライストの生涯の理想の反映とも看做《みな》せよう。一方、ホムブルクは「外界の偶然に左右され」て激しく動搖する男である。戰場で「暴れ熊」になつた時もさうだし、死の恐怖に惑亂《わくらん》する様になるのも、通りすがりに偶然「墓穴」を見た事に起因する。そして、ペンテジレーアにせよ、ミヒャエル・コールハースにせよ、激情に突き動かされて破滅するクライストの主人公は多いのである。「心の命令」なんぞといふものが如何に危《あや》ふいものか、彼は痛感してゐたに相違ない。この作品をハッピー・エンドで終らせたクライストの意圖はさて措き、作品を完成した一八一一年、彼は自殺で三十四年の生涯を閉ぢてゐる。

（羽島重雄譯、「クライスト名作集」、白水社）

スタンダール

一七八三〜一八四二

フランスの小説家。本名はアンリ・ベール。グルノーブルに生れる。一八〇〇年、ナポレオン軍に參加してミラノに入城し、「情熱と自然らしさの國」イタリアへの終生變らぬ愛情に目覺める。一八一二年、ナポレオンのモスクワ遠征に參加。帝政瓦解《がかい》後、ミラノで「熱狂的ロマン主義者」として音樂や美術を論じ、パリで尖鋭《せんえい》な諷刺家として活躍した後、小説家に轉じて、「赤と黒」や「パルムの僧院」を發表する。生前はバルザックなど極く少數の作家に認められたに過ぎなかつたが、一八八〇年代に至つてやうやく評價が定まつた。

カストロの尼

十六世紀イタリアは有力な豪族や富裕な大市民達が各地に割據《かつきよ》して權勢を競つてゐたが、その中にあつて、森に住む「山賊」達も民衆の味方をしたり豪族同士の爭ひに加はつたりして活躍してゐた、そんな時代の話である。

アルバノの町の豪族の美しい娘で十七歳のエーレナがカストロの尼僧院の寄宿生活を終へ町に戻ると、山賊の息子で二十二歳のジュリオが彼女を見て忽《たちま》ち戀に落ち、やがて二人は熱烈に愛し合ふ仲となる。エーレナの父のカンピレアーリ卿や兄のファビオは激怒して仲を引裂かうとするが、卻《かへ》つて二人の心は燃え上る。だが、密會を重ねてもエーレナは「純潔」を守り、「狂はしい戀にもえた若い心の錯亂《さくらん》」に陥つても「心は清らかであつた」。

そんな折、豪族同士の戰鬪が起り、敵味方として加はつた戰場でジュリオはファビオを突き殺す。怒つたカンピレアーリ卿は娘をカストロの尼僧院に閉込めて了ふ。ジュリオは尼僧院に走り、脱出して結婚しようとエーレナを誘ふ。が、兄殺しの下手人と結婚したら母親が如何に歎くか、それを懸念してエーレナは躊躇《ちゆうちよ》する。怒つたジュリオは彼女を掠奪《りやくだつ》すべく手下を集め尼僧院を襲撃するが失敗、重傷を負つて逃亡する。エーレナは躊躇した己れを悔い、ジュリオに會つて詫びたいと願ふ。

が、娘の然るべき結婚を望む母親の策動《さくどう》によつてジュリオは死んだものとされ、それを信じて絶望したエーレナは尼僧院の居室に引籠るが、父親が死に莫大な遺産を相續して王女さながらの優雅な生活を送る裡に、「救ひのない不幸と長い退屈に打ちひしがれた」心に「虚榮《きよえい》の感情」が忍び寄る。尼僧院長になつて權勢を揮ひたいと思つたのだ。そして二年後、母親の畫策《かくさく》によつてエーレナは思ひを遂げるが、不幸と退屈は癒《いや》されず、三十歳になつた彼女を戀する青年司教に「遊びの氣持」で身を任せ、妊娠し、それが發覺して處罰され、修道院の地下牢に終生閉込められる事となる。

一方、ジュリオはエーレナの母親が流した嘘を信じてエーレナが結婚したものと思ひ込み、戀の痛手を忘れるべく、スペインで頗る英雄的に振舞ひ、今はリッツァーラ大佐として勇名を馳《は》せてゐたが、故あつて歸國する事になり、その報知がエーレナの地下牢にも屆く。ジュリオが生きてゐると知つて彼女は「狂氣」同然となり、母親が地下道を掘つて救出に來ても、よくも自分を欺《あざむ》いて墮落させてくれたとて母親を詰《なじ》り、不幸と退屈ゆゑの己が墮落の來《こ》し方を正直に認《したた》めた手紙をジュリオに遺して短劍で心臟を刺し貫く。

「小説とは大道に沿つて持ち歩かれる鏡の如きもの。諸君の目に青空を映し出す事もあれば水溜りの泥濘《でいねい》を映し出す事もある」と「赤と黒」にあるが、この作品にも人生の「青空」と「水溜りの泥濘」とは共に見事に描かれてゐる。スタンダールの所謂「情熱戀愛」に命を懸けてゐる時のエーレナは純潔な女としての清らかな幸福、狂ほしい迄の充實感を味はふが、他方、戀人が死んだと思ひ込み生の目的を見失つて、安逸《あんいつ》な生活の下「退屈」に心が蝕《むしば》まれると、「虚榮の感情」や「遊びの氣持」に押流され自己嫌惡に苦しみ不幸になる。幸福の本質をスタンダールは生涯追究した男だが、「パルムの僧院」の主人公ファブリスも、戀する女の傍にゐられる幸福に浸《ひた》る爲なら殺される危險のある恐しい牢獄に留まりたいと願ふ。スタンダールの主人公達は危險や束縛や障礙《しやうがい》があつてこそ生の目的を強烈に自覺して幸福になるのであり、我々讀者はジョージ・オーウェルの云ふ、「人間は安樂、安全、苦痛の回避以外何も望まぬ」とする「快樂

主義的人間観」の「欺瞞」をとくと知らされる事になる。

（宗左近譯、角川文庫）

フランツ・グリルパルツァー

一七九一～一八七二

オーストリアの劇作家。ウィーンに生れる。十九歳の時に父と死別し、貧苦と戰ひながら母と三人の弟を養ひ、前後四十三年間の官吏生活を送りつつ創作を續けるが、ナポレオン戰争後の宰相メッテルニヒの反動政策の下、自由な表現を脅かされる。が、メッテルニヒが失脚《しつきやく》して自由が甦《よみがへ》ると、作品を次々に上演して大成功を収める。ベートーヴェンやシューベルトと親交があつたが、七十二歳の時、耳を聾《ろう》し、唯一の慰安《ゐあん》であつた音樂を失ふ。

ウィーンの辻音樂師

ウィーンで年に一度催《もよほ》されるブリギッタ祭の日の午後、劇作家の語り手が賑《にぎ》はふ街中を歩いてゐると、老いたる辻音樂師の姿が目に留まつた。擦切《すりき》れてはゐるが小奇麗《こぎれい》な燕尾服《えんびふく》を纏《まと》ひ、陶酔《たうすい》した顔に微笑を浮かべ、ぼろぼろの樂譜を見据ゑつつ古びたヴァイオリンを一心に彈《ひ》いてゐるのだが、何とも調子外れの演奏だつたから、彼の帽子に銅錢を投込む者は一人もゐない。が、やがて夕闇が迫り藝人《げいにん》の書《かき》入《い》れ時になると、老人は「すべて物事には潮時《しほどき》が肝心」とラテン語で呟《つぶや》いて雜踏の中に姿を消した。見《み》窄《すぼら》しいが氣品があり、下手糞《へたくそ》な癖《くせ》にかくも「藝術的熱意」に溢《あふ》れた「乞食藝人」の姿に語り手は打たれ、後を追つて聲《こゑ》をかけ、稼《かせ》ぎ時に歸つて了ふのかと訊ねると、老人はかう答へた。自分は午前中は客の趣味や心を淨《きよ》める爲の稽古《けいこ》に當て、晝間《ひるま》は生計の爲に辻に立ち、晩は神様に祈り獨りで演奏を樂しむ時間としてゐるのです。

　數日後、語り手は郊外の老人の住ひを訪れる。貧しい百姓家の屋根裏部屋を三人で借りてゐたが、彼の使ふ窓際の一隅《いちぐう》だけは清潔にしてあつて、窓枠に花の鉢が並べてあつた。老人の名はヤーコプと云ひ、裕福な宮中顧問官の次男だつたが、餘りに不器用でお人好しな爲に父親に疎《うと》まれ、家を出されて一人暮しをしてゐた或日、パン屋の娘バルバラの口遊《くちずさ》む歌に魅せられ、それをヴァイオリンで彈きたいと思つて稽古に勵《はげ》み、「神の賜物《たまもの》」たる音樂、「永遠の慈《いつく》しみと惠みを帶びた音と響」の虜《とりこ》となるが、腕はさつぱり上がらなかつた。

　その裡に父が急死し、兄弟も死に、彼が遺産を相續するが、バルバラがお人好しの彼を危《あや》ぶみ警告したにも拘らず、騙《だま》されて遺産を殆ど無くして了ふ。いつしかバルバラを戀する様になつたが、彼女は肉屋に嫁《とつ》いで去つて行く。ヤーコプは落魄《らくはく》するが、殘つた金で音樂を學び辻に立つてゐると、近くに戻つたバルバラから子供達に音樂を教へてくれと頼まれ、今は安らかに暮してゐるといふのである。

　翌春、大洪水がウィーンの郊外を襲ひ、多くの死者が出た。語り手が老人の住ひを訪ねてみると、洪水の時、老人は屋根裏の安全な場所にゐたにも拘らず、泣き喚《わめ》く近所の子供達を助ける爲に下に飛び降り、水に入つて風邪を引いたのが因《もと》で死んで了つたと聞かされる。最期の時は、突然寝床に起上り、「遠くから何か美しい音でも聞えてくる」かの様に首を傾《かし》げて聞き耳を立て、「につこり笑つて」仰向けに倒れ、その儘《まま》事切れたのだといふ。

オーストリアの劇作家グリルパルツァーの小説である。音樂を愛し、シューベルトの友でもあつた、如何にも彼らしい美しい物語だが、主人公のヤーコプは若き日にバルバラに胸の思ひを打明け、頰に「ほんの輕く」接吻して貰つた日の感激を一生忘れず、「私の生涯の幸福な一日」だと語り手に語り、續けてから云ふ、「なんだ、たつた一日か」と云はれるかも知れないが、それは違ふ、だつて人間は神様から他にも澤山《たくさん》恵みを頂いてゐますからね。

それにしても何とも報《むく》われぬ生涯である。戀する女と結ばれず、乞食同然の境遇となり、愛する音樂に如何に打込んでも生來の不器用を克服出來ない。美しい物語を支へるのはいとも殘酷な現實であつた。カフカはほぼ暗記する程この作品を愛したといふが、報われぬ現實の「否定性」の一切を直視して已まぬ彼の目に、ヤーコプの內面の「幸福」はどの様に映じたのであらうか。ともあれ、個我を超える傳統的價値の體系《たいけい》を信じるが故の精神の純潔と靜謐《せいひつ》は、我が鷗外も逝《ゆ》きし世の日本人の中に見出してゐたが、それを有する人間の美しさに洋の東西の別は無いのかもしれない。

（福田宏年譯、「ウィーンの辻音樂師他一篇」、岩波文庫）

ナサニエル・ホーソン

一八〇四～一八六四

アメリカの小説家。ニュー・イングランドの古い血筋の家に生れる。祖先は代々嚴格な清教徒であり、特に曾祖父ジョンは惡名高きセイレムの魔女裁判に於ける苛烈《かれつ》な裁判官であつた。ボードン大學在學中から作家となる決意を固め、孤獨で嚴しい修業を續ける。糊口《ここう》の爲に故郷セイレムの稅關吏として働くが、一八五〇年、代表作「緋文字」を發表し忽《たちま》ち文名を擧げる。その後、「七破風屋根の家」等の長篇の他、「トワイス・トールド・テールズ」等の短篇集を相次いで發表。人間性の暗い眞實を剔《てき》抉《けつ》する作品が多く、「ピューリタン中のピューリタン作家」と評される。後輩作家ハーマン・メルヴィルと親交し、メルヴィルは「モービー・ディック」をホーソンに捧げた。

エンディコットと赤い十字

一六三四年、英國王チャールズ一世はニューイングランド植民地の清教徒總督に書狀を送り、國王の敕命による新總督の就任と、英國教會の戒律の受容とを命じた。周知の如く、一六二〇年、プロテスタント最過激派たる清教徒からなる巡禮始祖は英國教會のカトリック的性格に反撥して、信仰の自由を求め新大陸に渡つたが、爾來《じらい》、彼等は自治に基く植民地建設に必死に取組んでゐたのだから、國王の命令は二つながら到底受容れられるものではなく、時の植民地民兵隊長ジョン・エンディコットは憤激の餘り同胞にかう訴へた。

諸君が肥沃《ひよく》な緑の大地や先祖の眠る墓地を捨

て、獸の吠える荒野にやつて來たのは何の爲か。「市民としての權利」と「良心に從つて神を崇《あが》める自由」とを享受する爲ではなかつたか。然るに國王は己が意の儘《まま》になる新總督を吾々に強制し、國教會の偶像崇拜主義を強要しようとしてをり、この儘では何《いづ》れ此の地で「カトリック教の坊主どもがミサをあげる」事にもなりかねない。そんな忌《いま》はしい事を許せようか、劍も拔かず、銃も擊たず、說教壇の階段を血で染めもせず？　斷じて否だ！

　エンディコットはさう叫ぶや、英國旗を飾るイギリスの守護聖人聖ジョージの赤い十字を引きちぎる。聽衆は歡呼《かんこ》の聲《こゑ》を擧げてアメリカの「歷史上最も勇敢な行爲の一つに贊意を表した」。かかるエンディコットの行爲の裡に、彼の死から一世紀後に「我らの父祖が成し遂げたあの解放の戰ひの最初の兆」が認められるのである、さう作品は結ばれてゐる。

「解放の戰ひ」とは、無論、米國獨立戰爭の事だが、自らもニューイングランドに生を享《う》けたホーソンの、史實に材を採つたこの作品には、アメリカをアメリカたらしめてゐるエートスが如實《によじつ》に示されてゐる。彼は「白髮の戰士」なる作品に於ても、「軍の指揮官と聖者が一體となつた堂々たる人物」、「大義のために戰ふ老いたる戰士」を獨立戰爭前夜のボストンに登場させてゐるが、それら「ニューイングランド精神」の體現者たる英雄達をホーソンは稱讚《しようさん》して已《や》まなかつた。

然るにそのホーソンが彼の時代の「解放の戰ひ」たる南北戰爭に際しては、ニューイングランドの奴隷解放論者から袋叩《ふくろだた》きの目に遭《あ》ふ。奴隷制の南部を一方的に非難する北部の獨善的正義感を嘲弄《てうろう》する一文を公けにしたからだ。だが、「人間は如何なる點に於ても天使に似てゐないと確信してゐる者がゐたとすれば、それはナサニエル・ホーソンだつた」とアメリカのある學者は書いたが、ホーソンにしてみれば、他人を道義的に非難し得る資格など本來誰にもありはしなかつた。

「エンディコットと赤い十字」にもさういふホーソンは生きてゐる。彼によれば、清教徒社會では殘酷な刑罰が珍しくなく、教會の傍には笞刑臺《ちけいだい》や足枷臺《あしかせだい》や晒臺《さらしだい》が置かれてゐたし、耳をそぎ落されたり罪名の頭文字の燒印《やきいん》を頬に捺《お》されたりしてゐる人々も少くなかつた。だが、しかく「犯罪の證《しよう》據《こ》」が目立つからとて、清教徒の時代が今よりも墮落《だらく》してゐたなどと思つては困る、とホーソンは云ふ。「心の奧底に祕めた罪であらうと、誰彼の區別なく探り出し、白日の下に晒《さら》して恥辱《ちじよく》を與へる」のが先祖の流儀だつたが、同じ流儀を十九世紀アメリカに適用したら、昔に「勝るとも劣らない辛辣《しんらつ》なスケッチの材料」が見出せるに相違ないからだといふのである。詰り、人間が「天使に似てゐない」のは何時の世にも變らない、といふ譯だが、人間性に關するさういふ徹底したペシミズムも「ニューイングランド精神」ならではのものであり、ホーソンは「解放の戰ひ」の英雄精神を稱讃する一方、その美名に醉つて人間性の現實を忘卻《ばうきやく》する事の決してない作家であつた。

（國重純二譯、「ナサニエル・ホーソン短篇集二」、南雲堂）

地球の大燔祭《はんさい》

昔、ある時、「世界の中心に位置する」とされる大平原に、大勢の社會改革家が集つて、巨大な焚火をした。「世界中の使ひ古しのがらくた」をそこで燃やして、舊來の傳統や習慣を世界から一掃して了はうとしたのである。まづ、王侯貴族の「由緒あるがらくた」たる勳章、系圖、王冠、寶《ほう》珠《じゆ》などが火中に投じられる。平民は大喝采《かつさい》する。「同じ土くれから生れ、同じ精神の缺點《けつてん》を持ちながら」、特權を享受して來た連中への、正にそれは「勝利の瞬間」なのである。

續いて、ありとある酒類が集められ、珈琲、紅茶、煙草といつた「人生の藥味《やくみ》」もろとも容赦なく燒卻《しやうきやく》される。この先、「どうやつてこの世の憂さを晴らしやいいんだ」と嘆く聲《こゑ》も聞かれるが、もとより改革家達はそんな聲に耳を藉《か》さうとはしない。

次は武器の番である。スペイン無敵艦隊の火砲とか、ナポレオンとウェリントンが對峙《たいぢ》した折の大砲とかいふ謂《いは》れある兵器に始つて、錆ついた刀劍や小銃の類に至るまで、「恐ろしい人殺しの道具」が總てこの世から消えた。太鼓が打ち鳴らされ、喇叭《らつぱ》が吹き鳴らされ、その「喜ばしい知らせが報じられ」ると、「戰爭の恐ろしさ、愚かさに脅《おび》えてゐた」手合は、「限りない歡喜」に胸を踊らせたのである。

　處《ところ》が、その時、一人の老いたる軍人が「冷笑を浮べ」てから呟く。こんな戲《たは》けた事を幾らやつても、所詮、武器製造業者に新たな仕事を拵《こしら》へてやるだけの事ではないか。語り手の「私」が驚いて云ふ。またぞろ武器を作らうとするほど人類が愚かだと、あなたは云ふのか。すると、傍らにゐた冷酷な顔附の男が口を挾《はさ》む。武器なんぞ改めて作る「必要もないさ。カインがアベルを殺さうとした時、武器がなくても一向に困りはしなかつたぜ」。老いたる軍人も云ふ。戰爭の「深刻な必要性」といふ事が、「そこらのお目出度い紳士ども」には解つてゐない。だが、國家間の「いざこざををさめてくれる大法廷がどこにある」か。戰場こそは「唯一の法廷」ではないか。

　けれども、改革家達の「過去破壞」の熱情はとどまる處を知らず、つひには證書や法律文書の類はもとより、聖書も含め「文字で書かれたもの」一切を灰にして了ふ。だが、さうして燒き盡《つく》され「清められた」世界に、目が「赤い光」を放つ「陰氣な顔色」の男が登場してから語るのである。「知つたかぶり」の連中が「火にくべるのを忘れてゐたものが、まだ一つある」。「人の心」だ。他の何が燒き滅ぼされても、それさへ生き殘つてゐる限り、以前と同樣の「惡と悲慘」が、そこからまた生れるであらう、と。

今の吾國にも「お目出度い紳士ども」がわんさとゐる。例へば、核兵器を「現代の惡魔」と考へる平和主義者がさうである。だが、ホーソンが書いてゐる樣に、アベルに殺意を懷いたカインにとつて、棒切れ一本が凶器として充分だつたであらう。詰り、「惡魔」は「人の心」の中にこそゐるのであつて、その「人の心」が「淸められ」ぬ限り、核兵器の有る無しに拘らず、地上から殺し合ひは無くならぬ。現に、「惡の帝國」と云はれたソ聯が崩壞した後も、ナショナリズムゆゑの紛爭は無くなるどころか、近年では寧ろ激化の樣相さへ呈してゐる。ナショナリズムも、古來、「人の心」から消滅した例しの無い感情であつて、それに起因する國家間の「いざこざ」は、いつの世にも、最終的には戰場といふ「唯一の法廷」で決着をつけるしかなかつた。しかるに、吾國には今なほ、「平和憲法」なるとびきりの性善說の護符《ごふ》を後生大事《ごしやうだいじ》に崇《あが》め奉《たてま》つてゐさへすれば、未來永劫、日本が戰爭に卷き込まれる事はないと信じ込んでゐる手合が少くない。「お目出度い紳士ども」と云ふしかない。

（竹村和子譯、「バベルの圖書館三」、國書刊行會）

想像の見世物箱

スミス氏は誰からも「有德《うとく》の手本」として尊敬される老紳士だつたが、或晩、肘掛椅子に身體を沈め芳醇《はうじゆん》なワインを娯《たのし》んでゐると、突然、三人の客が訪れた。繪《ゑ》の見世物箱を背負ふ「想像」、大《たい》册《さつ》の本を小脇に抱へる「記憶」、暗い色の外套を羽織《はお》つて顔も身體も隱した「良心」の三人であつた。

まづ、「想像」が見世物箱を卓上に置き、スミス氏に或る繪を見せた。若者が「高慢ちきな微笑を浮べ、眼には勝利の色を輝かせて」、跪《ひざまづ》く少女を見下してゐる繪で、少女は「恥辱と苦惱」に壓《お》し拉《ひし》がれてゐる様子だつたが、哀願する少女の「苦悶に痙攣《けいれん》してゐるきやしやな身體の美しさ」を若者は冷淡に見遣《みや》る許りで、彼はさながら「輕《けい》侮《ぶ》そのものの化身《けしん》であつた」。處が、若者をよく見ると、何とそれは若き日のスミス氏自身で、少女は初戀の相手ではないか。何たる繪だとてスミス氏が憤慨すると、「記憶」が本の中からその繪に該當《がいたう》する頁を見附けて讀み上げた。次いで「良心」が隱してゐた顔を表し、スミス氏の心臟に短劍を突き刺した。致命的ではなかつたが、實に耐へ難い痛みであつた。

見世物は猶《なほ》も續き、「想像」が示す繪はスミス氏に「惡意を抱」く畫家《がか》の手になるものとしか思へぬ類《たぐひ》許りで、それらによれば、かつてのスミス氏は初戀の娘を陵辱《りようじよく》した許りか、些細な喧嘩が因で親友を殺害し、幼い孤兒から狡猾《かうくわつ》に遺産を略奪した卑劣漢なのであつた。無論、それらは何れも「實際の行動としては現はれなかつた罪深い思念の記録」に過ぎず、スミス氏が實際に犯罪を「少しでも犯したといふやうな證據《しようこ》の片影《へんえい》さへ」、如何なる「地上の法廷」に於ても擧げる事の出來ぬ類の事柄でしかなかつた。けれども、彼の「心の祕密」の最深部を知悉《ちしつ》する畫家の描いた繪であるには違ひなく、到頭スミス氏は「良心」が突き刺す短劍の痛みに耐へ兼ねて大聲を發した。すると、三人の客は忽然《こつぜん》として消え失せた。夢であつた。作品はかう結ばれてゐる、「人間はたとひその手は綺麗であつても」心は去來《きよらい》する「惡の幻想に汚れてゐる」のだから、「最も罪深い者」に對してさへも己れは「同類でないと斷定してはなら」ぬ。天國の扉を叩く時、誰もが天國に入る資格がある程の無垢な生涯を送りはしなかつたと痛感するに相違ない。「懺悔《ざんげ》して跪拜《きはい》しなければならないし、神の恩寵がその玉座の脚臺《きやくだい》から」齎《もたら》されねばならない、さもなくば天國の扉は決して開かれぬであらう。

作者ホーソンにとつては、人間が救濟される爲には「懺悔の心」のみならず、「神の恩寵」が必須の條件であつた。それは詰り、人間の力を以てしては如何とも爲し難い宿命の軛《くびき》の下に如何なる人間も置かれてゐると、彼が信じてゐたといふ事に他ならない。主人公が「スミス氏」といふ平々凡々たる名前を與へられてゐるのは決して偶然ではない。彼はeverybodyなのであつて、心の奧底を問題にする限り、なんぴとも「最も罪深い者」の「同類」たる可能性を免れない、斷じて例外は無い、さうホーソンは云ひたいのだ。そして、例外は無い、となれば、これを書く私も、これを讀む全ての讀者も、心の奥底には「最も罪深い者」の「同類」の心を祕めてゐる、といふ事にならざるを得ない。しかもホーソンは「優しい少年」に於て、友を虐待する子供の獸性の爆發を頗る衝撃的に描いた。子供だとて人間、心中には惡魔が潛むと信じたからだ。「最惡の事態に對處し得る人生觀」が吾國には缺けてゐると、嘗《かつ》て福田恆存は書いた。己が心中の「最惡の事態」を直視して已《や》まぬホーソンの如き作家を生んだアメリカの本質を、吾々日本人は殆ど理解してゐない。

（柏倉俊三譯、「トワイス・トールド・テールズ」、角川文庫）

ニコライ・ゴーゴリ
一八〇九〜一八五二

ロシアの作家。ウクライナに生れる。ロシア寫實主義文學の創始者。二十代初期、ウクライナの民間傳承を骨子と爲す作品でプーシキンの知遇を得る。その後、「超自然の裝ひをした凡俗」をテーマに、「ネフスキー通り」、「狂人日記」、「鼻」等を發表。また、落伍者の悲劇を描いた「外套」の主題は後にドストエフスキーに受け繼がれ、諷刺喜劇の傑作「檢察官」で作家としての地位を確立する。

後半生は、病氣と精神の衰弱、宗教的罪惡感、貧窮の裡に、大作「死せる魂」の執筆に打ち込むが、第二部の執筆中、自作への嫌惡感や罪惡感に激しく苦悶し、或る晩、突如狂亂狀態に陷り、第二部の原稿を火中に投じ、數日後、四十四年間の生涯を閉ぢる。

檢察官

帝政ロシアのとある小都市の市長が、慈善病院監督、學務監督、判事、警察署長といつたお偉方を市長邸に呼び附け、首都ペテルブルグから檢察官がお忍びでやつて來るらしいと告げると、一同の顏色が變つた。檢察官に知られては都合の惡い事柄がこの市には山程あつた。慈善病院の運營の仕方は頗《すこぶ》る杜撰《づさん》だつたし、市役所の役人は好き勝手な事をやつてゐたし、判事は平氣で袖の下を取つてゐたし、權勢を笠に着た市長の橫暴な振舞は市民達の強い恨みを買つてゐた。

この難局をどうやつて切り拔けるかと、全員が額を集めて相談してゐると、二人の地主が驅け込んで來て、檢察官らしい男を市內の宿屋で發見したと告げる。ペテルブルクからやつて來た、フレスタコーフといふ名の若い役人で、二週間前から逗留してゐるのだといふ。市長はてつきりその男こそ檢察官だと思ひ込み、狼狽して叫ぶ、この二週間の間に、俺は不法に兵隊の女房に鞭を食らはせたし、囚人には食物を支給しなかつた。ああ、どうしたらいいか。が、事ここに至つては、檢察官の機嫌を取結ぶべくやれる限りの事をやるしかない、さう市長は考へ、早速、宿屋に驅け附ける。

處が、實はフレスタコーフはただの旅行中の下級官吏でしかなく、トランプに負けて文無しとなり、宿賃が拂《はら》へず已む無く逗留してゐたのであつた。それゆゑ、市長の突然の出現に、逮捕しに來たかと內心びく附くのだが、彼を檢察官と信じ込んでゐる市長は、宿賃を肩代りした上に、市長邸に滯在してほしいと申し出る。

市長邸でフレスタコーフは下にも置かぬ持て成しを受ける。すると、元來、頭の「からつぽ」な人間だから、調子に乘つて市のお偉方を前に噓八百を竝べ立て、自分はプーシキンの無二の親友で、ペテルブルク一番の豪邸に住み、宮中に屢々《しばしば》伺候《しこう》し、請はれて大臣になつた事もあり、樞密院なんぞは叱り飛ばした事さへあるなどと喋り捲る。一座の者は皆、富や名聲や權威にからきし弱い連中だから、すつかり度肝《どぎも》を拔かれて了ふ。

やがて、お偉方は賄賂《わいろ》を摑《つか》ませる爲に、下層民は市政への不滿を訴へる爲に、フレスタコーフの許《もと》を次々に訪れる。一方、フレスタコーフは市長の妻と娘をたぶらかし、娘と結婚の約束をする。娘が玉の輿《こし》に乗る事になるとて市長夫妻は大喜びする。處が、或る日、フレスタコーフは金持ちの伯父を訪ねるとて、突然、出立して了ふ。一方、市長はお偉方を前に己が幸運を誇らしげに語つてゐる。そこへ郵便局長が飛び込んで來る。フレスタコーフが友人に書いた手紙を開封してみたら、そこには、検察官と思ひ込んだ連中の愚昧《ぐまい》を嘲笑《あざわら》ふ文句が書き連ねてあつたといふのである。

満《まん》座は騒然となり、あんな若造に騙《だま》された責任はお前達にあるとて、二人の地主を市長達が散々《さんざん》罵《ののし》つてゐると、憲兵が入つて來て、ペテルブルクから検察官が到着したと告げる。一同、愕然とし、凝然《ぎようぜん》と立ち盡《つく》す。

この芝居の初演を觀て、「みんな散々にやつつけられたが、誰よりも一番ひどくやられたのはこのわしだ」と、ロシア皇帝ニコライ一世は叫んだといふ。ゴーゴリの描いた淺ましい人間の愚かさは、吾々全ての持ち合はせてゐるそれである。フレスタコーフにしてやられたと知つて、「どうしてこんな風になつたか、（中略）何か靄《もや》の樣なものが、みんなの頭をぼうつとさせてしまつたのだ」と慈善病院監督は云ふが、バブル經濟とやらに燥《はしや》ぎ回つて、日本人の多くが錢儲けに「頭をぼうつとさせて」ゐたのはさう遠い昔の話ではない。しかもバブルが彈《はじ》けた後、株の暴落で大損をさせられたのは證券會社の責任、訴へてやると息巻く手合もゐたといふ。「自分のつらが曲がつてゐるに、鏡を責めて何になろ」と、この芝居の題辭《だいじ》にあるけれども、己れの「つらが曲がつてゐる」事を忘れると、人間はどこ迄も圖々《づうづう》しくなる。

（米川正夫譯、岩波文庫）

ハーマン・メルヴィル

一八一九～一八九一

アメリカの小説家・詩人。獨立戰爭以來の名門の子弟としてニューヨークに生れるが、十代半ばの頃、輸入商だつた父が破産して死亡。生活のため船員となつて商船、捕鯨船、軍艦等に乗り組み、廣《ひろ》く世界の海を知る。歸國後、一八四六年、ポリネシアの食人種の村に滯在した經驗を描いた處女作「タイピー」が評判となり、作家活動に入る。その後、「モービー・ディック」、「ピエール」、「詐欺師」等、意欲作を次々に發表するが、世の自明の理を徹底的に疑ふ難解な作風ゆゑに讀者を遠ざけるに至り、小説の筆を斷《た》ち、ニューヨーク市税關職員として長年勤務する傍ら、專ら詩作に耽るが、最後は「ビリー・バッド」の原稿を遺して死亡。一九二〇年代、再評價の氣運が高まり、取分けD・H・ロレンスらの高い評價を受けて、現在ではアメリカ最大の作家と目されてゐる。

タイピー

一八四二年、夏、アメリカの捕鯨船ドリー號がポリネシアのヌクヒヴァ島に停泊中、二人の若い船員が苛酷な待遇に憤慨して脱走する。主人公のトム及び相棒のトビーである。追手を逃れ島の奥地に隱れようとする二人は、惡名高き食人種タイピー族の潛む谷間に迷込んで了ふ。しかるに、風評に反して、タイピー族は頗る溫和で親切であり、パンとココ椰子の果實が豐かに實る美しい谿谷の生活を滿喫《まんきつ》してをり、正しくそこは「陽氣と戲《たはむ》れと上機嫌」しか知らぬ異教の樂園であつた。トムは云ふ、自分はタイピー族を知つて「人間性をより高く評價する様になつた」。

一方、この時期、西洋列强は帝國主義的野望に驅《か》られて太平洋に進出し、タヒチやマルケサス諸島を相次いで制壓《せいあつ》、その脅威は今やタイピー族の祕境にも迫りつつあつた。樂園の危機を憂ひ、トムは文明人に激しい怒りを叩きつける。

ありとある人殺し兵器の發明にわれわれが見せた惡魔のごとき巧みさ、われわれが戰爭を遂行するさいの執念ぶかさ、戰爭につきものの悲慘と荒廢は、それだけで文明化された白人を地上最大の猛獸として際立たせるのに足るものである。

かうしてトムは文明人を扱下《こきおろ》し、未開人を持上げる。處が、やがて、何故か「この上なく深刻な憂鬱《いううつ》の餌食《ゑじき》」となり、「幸福の谷」を早く抜出したいと冀《こひねが》ふやうになる。捕鯨船を脱走した折彼は負傷したのだが、その傷は惡化したし、藥を求めて谷を離れたトビーが戻らず、トムは苦痛と孤獨に苛《さいな》まれるし、またタイピー族が如何に親切であつても、食人種の不安も拭《ぬぐひ》切れない。それに、タイピー族はトムを谷間から出すまいと躍起《やくき》になるのだが、さういふ彼等の底意《そこい》が解らない。けれども、さういふ理由だけでは、「自分でも理解に苦しむ」とトム自らが告白する「深刻な憂鬱」は說明出來ない。

その點に關するD・H・ロレンスの說は興味深い。彼は云ふ。「幸福の谷」は、實はトムを少しも幸福にはしなかつた。南洋の未開人と西洋の文明人とでは「生のリズム」が餘りに相違してゐたからだ。古代文明の昔から、西洋人は「生の苦鬪、意識の苦鬪、魂の苦鬪」を重ねながら前進し續けて來たし、今後も前進し續けるであらう。それが西洋人の宿命なのだ。そしてさういふ西洋人の生き方と、過去に停滯し意識が眠つた儘《まま》の未開人のそれとの間にはどうしても乘り越えられぬ深淵がある。要するに、「我々は後退出來ない、といふのが本當なのだ。裏切者なら出來る。だが、メルヴィルには出來なかつた。（中略）私にも出來ない」、さうロレンスは云ふ。

結局、トムは追縋《おひすが》る親しい蠻族《ばんぞく》と挌鬪し、海に沈め、樂園脱出を強行する。詰り、ロレンスの云ふやうに、トム即ちメルヴィルは、西洋人たる己が宿命にこそ忠實たらんとしたのである。處女作「タイピー」の五年後、メルヴィルは「モービー・ディック」を書く事になるが、それは激烈な「魂の苦鬪」の物語なのである。

處で、一八四二年と云へば黒船來航の十一年前である。タヒチやマルケサス諸島の運命は免れたが、吾國もやはり西洋列强の壓力に屈して鎖國の國是《こくぜ》を改め、爾來《じらい》、西洋の文物を夥《おびただ》しく導入する事となつた。しかるに、明治二十八年、内村鑑三はかう書いた。「ダンテよ、なんぢの詩歌は三昧線に合はす能はざるなり」、「もし今日の日本にあらば、彼は無要の長物のみ」。

平成の日本に於ても、ダンテはもとより、メルヴィルもロレンスも「無要の長物」でしかない。ロレンスの云ふ西洋人の宿命は、つひに我々のものではないからであつて、寧ろタイピー族の生き方の方が、よほど我々に近しいとさへ私は思ふ。

（土岐恒二譯、「ポー／メルヴィル」、集英社世界文學全集十四）

モービー・ディック　其の一

十九世紀中葉《ちゆうえふ》、アメリカの捕鯨船が世界の海で盛んに活躍してゐた頃の話である。語り手の青年イシュメイルがニューイングランドの捕鯨基地ナンタケット港にやつて來て、捕鯨船ピークォッド號に乗込む事になつた。船長はエイハブと云ふ名の老いたる練達《れんたつ》の鯨取りだつたが、前回の航海で「モービー・ディック」なる異名を取る白い巨大な抹香鯨に遭遇し、格闘の最中に片脚《かたあし》を食ひちぎられ瀕死《ひんし》の重傷を負つた。傷が漸《やうや》く癒《い》えた今、再び航海に赴かうとしてゐたのだが、その胸底には白鯨に對する憎惡と復讐心とが烈火の如く燃えてゐた。

ピークォッド號はクリスマス・イヴに出港し、大西洋、印度洋、太平洋と、鯨を捕獲しつつ三年に及ぶ航海を續け、遂に日本の太平洋岸沖合でモービー・ディックを發見、三日に亙る格闘の末、エイハブは海底深く引摺り込まれ、ピークォッド號も破壞されて沈沒、イシュメイルのみが生き殘つてこの悲運の物語を語り傳《つた》へる次第となつたのである。

以上の如く、このアメリカ最大の小説の筋は至つて單純である。メルヴィルは同時代のＥ・Ａ・ポオの様に複雑な筋を工夫する類の作家ではなかつた。だが、「雄大な書を生まんとすれば、雄大な主題を選ばねばならぬ」、「幹から枝が生え、枝から小枝がのびるやうに、豊富な主題からは多くの章が生まれる」とイシュメイルが語る通り、單純な筋が擔《にな》ふ作品の主題は實に「雄大」かつ「豊富」なのであつて、今回は三回に亙つて「モービー・ディック」の「雄大な書」たる所以について語らうと思ふ。

　實はエイハブは片脚を食ひちぎられて、苦痛と激昂《げきかう》の餘《あま》り、モービー・ディックを己が「肉體的苦痛ばかりでなく、知的・精神的懊惱《あうなう》」の最大の原因と迄信じ込むに至り、これを飽迄も追跡して撃破《げきは》せんとの狂氣の執念に取憑《つ》かれてゐるのだが、然《しか》らば彼の「知的・精神的懊惱」の本質とは何か。

　それを端的に物語るのが、ピップと云ふ名の下働きの黑人の小僧に寄せるエイハブの思ひである。ピップは生來臆病だつたが、或時、人手が足りぬとて捕鯨ボートに乘込まされ、疾驅《しつく》するボートから轉落《てんらく》し、大海原に一人置去りにされて、恐怖の餘り發狂し、後に救出されるが正氣を取戻す事はない。さういふピップを見てエイハブは叫ぶ、「おお、凍《い》てついた天の神々よ！　この下界を見るがよい。（中略）汝らはこの薄幸《はくかう》の子を産んで置きながら、棄ててしまつたのだ。（中略）小僧、おまへはわしの最奥の心に觸《ふ》れてくるわ」。

エイハブにとつてピップは「天の神々」に非情にも翻弄される人間の悲惨を象徴する存在に他ならなかつた。或時、エイハブは舷側に吊《つる》した老鯨の頭部に向つて云ふ、「ああ、頭《かうべ》よ！　星も砕《くだ》け、アブラハムも信仰を失ふほどの出來事を見てきたお主でありながら、しかも一言とても語らぬのか！」アブラハムとは「創世記」に出るヘブライ民族の始祖であり、神の命令ならば愛《いと》しい獨《ひと》り子をも平然と生贄《いけにへ》に捧げんとする程の鞏固《きやうこ》な信仰で有名な人物だが、ピップの悲惨が象徴的に物語る様に、エイハブには「アブラハムも信仰を失ふ」體《てい》の不合理がこの世を支配してゐるとしか思へず、さういふ世界の在り様がどうしても納得出來ない。それが彼の「知的・精神的懊惱」の本質であつて、これを要するに、エイハブの狂氣の追跡の背後には「不當な苦難」の意味を求めて神に論爭を挑むヨブ以來の精神の傳統が存してをり、作中、白鯨が「ヨブの鯨」と稱《しよう》せられる所以だが、かかる「雄大な主題」を扱つた作品を讀む時程、私は日米の文化の異質性を痛感させられる事はない。

モービー・ディック　其の二

或時、一等航海士スターバックが、「畜生相手に仇討ち」をするとは「狂氣の沙汰」だと云つてエイハブを窘《たしな》めようとすると、エイハブが云ふ、「眼に見えるものは、全てこれ、ボール紙の假面《かめん》に過ぎぬ。（中略）人間、何かをぶち壞《こは》すとあればその假面をこそぶち壞せ！　囚人が壁を破らずしてどうして外に出られるか？　わしにとつて、あの白鯨は眼前に聳《そび》えるその壁だ。（中略）あいつの中では、測り難い惡意に操《あやつ》られた凶暴な力が動いてをる。その測り難いもの、これがわしは憎い。（中略）この憎しみをあいつによつて霽《は》らしてやる。（中略）侮辱されたら太陽にだつて打つてかかるこのわしだ。（中略）眞理は何者にも囚はれぬ」。

開闢《びやく》以來、人間を翻弄《ほんろう》して已《や》まぬ「測り難い惡意に操られた凶暴な力」の正體を何としても見極《みきは》めたい、それがエイハブの「仇討ち」の眞の意味だ。それが果せぬ限りは「ボール紙の假面」の欺瞞《ぎまん》に甘んじ、「眼前に聳える壁」を破らうともせぬ卑屈な「囚人」の儘《まま》でゐるに等しい。誇り高きエイハブにそれはどうしても耐へられぬ。それ故彼は叫ぶのだ、「侮辱されたら太陽にだつて打つてかかるこのわしだ」、「眞理は何者にも囚はれぬ」。

「眞理は何者にも囚はれぬ」、これこそはこの作品全篇を貫くモットーである。エイハブだけがさういふ事を云ふのではない。語り手イシュメイルが自然界最大の生物たる鯨の身體や生態について微《び》に入り細《さい》を穿《うが》つて穿鑿《せんさく》するのも、「鯨といふものを知らなければ、『眞理』の國の感傷的な田舍者に過ぎぬ」と信ずるからだし、何よりも第二十三章「風下の岸」にはメルヴィルの認識のヒロイズムを如實《にょじつ》に證《あか》す一節がある。「すべて深い眞摯《しんし》な思考とは、魂が、おのれを僞瞞《ぎまん》と卑屈の岸に吹き上げようとする天地間の凶暴な風に抗して、あくまでも自由と獨立の海原を守らうとする、その豪膽《がうたん》不屈な努力に他ならぬ。／だが、陸を離れたところにのみ（中略）至高の眞理があるのだとすれば――風下の岸にたとへ平安があらうとも、汚辱《をじよく》のうちにそこに打ちつけられるよりは、荒れ狂ふ茫漠《ばうばく》の海に滅ぶ方がましではないか！　まるで蛆蟲《うじむし》さながらに、おう！　誰が陸になど匍《は》ひすがらうぞ！」

　かうしてメルヴィルは「究極的眞理のための危險で破滅的な迄の探求」（R・P・ウォーレン）の道を突き進む。無論、人間性に關する眞理についても同樣である。或晩、二等航海士スタッブが捕獲《ほかく》した鯨の肉を切取りステーキにして頰張《ほほば》つてゐると、血の臭ひを嗅《か》ぎつけ夥《おびただ》しい數の鮫が群がつて來て、我勝ちに爭つて鯨に食ひ附き、騷々しくも凄じい光景を展開する。スタッブが黑人の老コックのフリースに鮫に說教して靜かにさせろと命じると、フリースが鮫に向つて云ふ、「おめへたちの貪欲《どんよく》はな、皆の衆、こいつを惡とはおれは言はん。生まれつきだからな。（中略）が、その性惡《しやうわる》な生まれつきに手綱《たづな》をかけるといふこと、これが肝心よ。おめへたちは間違ひなく鮫だけれども、おめへたちの中に住んでるその鮫の根性に手綱をかけたら、（中略）おめへたちも天使になるんだぞ。嘘ぢやねえやな。天使といふものは、おめへ、鮫の根性にちやんと手綱をかけた奴のこつちやねえか」。いいぞ、「それでこそキリスト教だ」とスタッブが半疊《はんでふ》を入れ、「もつとやれ」とけしかけるが、固より鮫は聽く耳を持たない。寓意《ぐうい》の存する處は明らかである。二千年前、イエスが人間に鄰人愛を説いたのは、鮫に天使たれと説くにも等しい所業《しよげふ》ではなかつたのか、メルヴィルはそれが云ひたい。かういふ類の徹底した性惡説を一度も考へた事のない手合を、「『眞理』の國の感傷的な田舍者」と云ふのである。

モービー・ディック　其の三

「鯨の白さについて」と題する有名な章の冒頭、語り手イシュメイルは、モービー・ディックに關して何にも增して自分を「戰慄《せんりつ》せしめた」のは「鯨の白さ」なのであつて、その「漠《ばく》として名附けえぬ恐怖」を説明せねば「この本そのものが無に歸してしまふ」と迄述べて、それが「人類に最大の恐怖を與へる」ゆゑんについて延々と解説した末に、白色から聯想される想念を「宇宙の非情な空虚と廣漠《くわうばく》」、「虚無の思ひ」、「無色にして全色の無神思想」、「生氣を失つて癩者《らいしや》のごとくわれらの前に横たは」る宇宙等々と表現し、それら一切を象徴するのが白鯨なのだ、「されば讀者よ、御《おん》身《み》はこの狂熱の追跡を異とするであらうか」と結ぶのである。

　ドストエフスキーやニーチェと同樣、メルヴィルもまた「十九世紀の子、懷疑と不信の子」だつたのであり、「神の死」に直面した西洋近代人の「最大の恐怖」が作品執筆の最大の動因を成してゐる。エイハブは云はば「宇宙の非情な空虚」がどうしても許せぬとて「狂熱の追跡」に驅《か》られるのだ。第九十六章にかうある、「すべての書物の中で最も眞實なる書物はすなはちソロモンの書、『傳道の書』こそは諄々乎《じゆんじゆんこ》たる悲哀の鋼《はがね》に他ならぬ。『すべて空《くう》なり』なのだ。文字通りすべてが。恣意《しい》にみちたこの世界は、キリストを知らぬソロモンの叡智《えいち》を、いまだ摑《つか》んではをらぬ」。「キリストを知らぬ」時代の舊約聖書に収められた、ソロモン作とも傳へられる「傳道の書」は、人の世の空虚や不合理の現實に一切の幻想を懐《いだ》かぬ作者の手になるもので、しかく身も蓋《ふた》もないリアリズムに徹してゐるがゆゑにこそ、メルヴィルにとつて「最も眞實なる書物」なのであつた。「傳道の書」に限らない。「モービー・ディック」全篇に於て舊約聖書への言及が新約聖書へのそれを斷然壓倒《だんぜんあつたう》してゐるのは故《ゆゑ》の無い事ではない。メルヴィルは云はばキリストと無縁の世界の在るが儘を十九世紀の捕鯨の世界に假託《かたく》して表現したと云つてもよい。然るに、「神々が消えて久しい今日」（第七十九章）なほ、世人は「ソロモンの叡智を、いまだ摑んではをらぬ」どころか、鮫に天使たれと説く類の甘い性善説を疑ひもせず、白色の象徴する「無神思想」に眞向から對峙《たいじ》しようともせずして、便々《べんべん》として知的怠惰の安逸《あんいつ》を貪《むさぼ》つてゐるとしか思へぬ、メルヴィルは何よりもそれが云ひたかつた。

　けれども、アメリカは昔も今も樂天的な性善説を「正統イデオロギー」として信奉する國であり、また、ニューイングランドを開いた十七世紀初頭の巡禮始祖の昔から鞏固《きやうこ》な宗教的敬虔の傳統を有し、今なほ輿論《よろん》調査に於て國民の八〇パセントが神を信じると答へるといふ、西洋諸國家に於てすら頗る「例外的な國」なのである。十九世紀アメリカに於てメルヴィルが孤立し、正氣を疑はれ、讀者を失ふに至つたのは無理ならぬ次第であつた。彼は「モービー・ディック」を三十二歳で執筆するが、讀者の理解は殆ど得られず、無論賣行きも芳《かんば》しからず、數年後には作家稼業を斷念せざるを得なくなり、後半生の十九年間はニューヨーク港の稅關吏として糊口《ここう》を凌《しの》ぎつつ專ら詩作に勵《はげ》み、借金して僅《わづ》かに私家版の詩集を出したりもするが、世間からは忘れ去られた儘、傑作「ビリー・バッド」の原稿を遺して七十二歳で世を去つた。

「モービー・ディック」を書く前の事だが、彼は岳父《がく ふ》に宛てて、自分が幾つかの所謂《いはゆる》「成功した」本を書いたのは單に「懷具合《ふところぐあい》」の爲で、「心の欲する處」ではなく、實は「自分としては『失敗した』と云はれる類の本こそが書きたい」と書き送つた。結局、彼は「心の欲する處」に從ふ道を歩み、壯烈に「失敗した」譯だが、畢竟《ひつきやう》、それは、「眞理は何者にも囚はれぬ」とてアメリカ社會の自明の理を徹底的に疑つたからに他ならなかつた。

（野崎孝譯、「メルヴィル」、世界の文學セレクション三十六、中央公論社）

ギュスターヴ・フローベール

一八二一～八〇

フランスの作家。ノルマンディーの首都ルーアンの市立病院で、高徳の名外科醫の院長を父として生れる。少年時代からロマン主義文學に心酔し、ブルジョアの愚劣を憎んだ。パリに出て法科大學に入るが、専ら文學を學ぶ。二十三歳の時、癲癇《てんかん》の發作に襲はれ、以後、ルーワン近郊のクロワッセにある父の別荘に隱棲して文筆生活に一生を捧げ、一八五六年、「ボヴァリー夫人」を完成。その後、「感情教育」、「聖アントワーヌの誘惑」、「三つの物語」等を發表し、最後の長篇「ブヴァールとペキュシェ」を未完の儘に遺して死亡。作者の主觀の介入を排除する嚴格な客觀主義、完璧な言語表現の追求ゆゑに、後世の作家に多大な影響を及ぼす。

ヘロヂアス

紀元後三十年頃のパレスチナ。死海の東にあるマケルース城はアラビア遊牧民の侵入に備へるユダヤの大城塞であつた。城主ヘロド・アンチパスはユダヤ王となる事を望んでゐたが、宗主國たるローマがそれを許さず、ローマの代官として父ヘロド王の領土の四分の一を治めてゐた。或朝、彼は露臺《ろだい》に立ち不安な眼差を南方に向けた。アラビア王の大軍の天幕が見える。嘗《かつ》てアンチパスはこの王の娘を妻としてゐたが、異母兄《いぼけい》の妻ヘロヂアスの美貌に迷《まよ》ひ、彼女を奪つて妻と爲し、先妻を離別してアラビア王の怒りを買ひ、屢々《しばしば》軍勢を差向けられてゐたのだ。アンチパスはローマに援軍を求めたが、それが中々到着しない。やはりユダヤ王となる野望を懷く甥のアグリッパが、自分の悖徳《はいとく》行爲をローマに讒訴《ざんそ》して援軍が遲れてゐるのではあるまいか。

しかもアンチパスには亦別の惱みがあつた。城の土牢にはヨカナンなる男が閉ぢ込めてあつたが、「洗者ヨハネ」とも呼ばれるこの男はアンチパスの悖德を激しく詰《なじ》り、ヘロヂアスをも罵倒して、「昔からユダヤの民の心の中に深く根ざしてゐるあこがれを種に民の心を煽《あふ》つて」ゐた。ヘロヂアスは彼の殺害を夫に強く求めた。名門の末裔《まつえい》たる彼女がアンチパスの妻となつたのは、自らユダヤの大帝國を支配する野望を實現する爲であつたが、その爲には敵對するヨカナンは生かして置けない。處が、夫は民衆の反撥を怖れ頗る優柔不斷である。ヘロヂアスは疑心《ぎしん》に驅られる、夫は民の聲を怖れ自分をも離縁するかもしれぬ。

そんな折、ローマ總督父子一行が城を訪れる。饗宴の席上、ヨカナンの事や、奇蹟を行ふ噂のあるイエスの事が話題になると、招かれたユダヤ人同士が各々の信仰や偏見や「獸のやうな頑冥《がんめい》」を曝け出して反目し合ふばかりか、「イスラエルの昔の榮へを語り合」つてローマへの反抗心を剝出しにする。この「蟲《むし》けらどもが」と總督は苦々しく思ひ、「ユダヤ人の性格が堪らなく」なる。その傍ら、總督の大食漢の息子は食物を食べては吐き食べては吐きを繰返してゐる。ユダヤ人の反抗心に同調してゐると思はれたくないアンチパスは、卑屈に總督に追從《ついしよう》を云ふ。

　そこにヘロヂアスの連れ子サロメが登場する。頗る美貌の乙女なので、ヘロヂアスは夫の好色を慮《おもんぱか》つてそれ迄遠ざけてゐたのだが、この乙女が艶《なま》めかしく踊り出すと、男は皆「貪るやうな情欲に胸をときめかせる」。踊りが終り、興奮したアンチパスが、何でもくれてやるぞと云ふと、「ヨカナンの首を！」とサロメが叫ぶ。アンチパスは狼狽《うろた》へるが、約束は違《たが》へられない。やがてヨカナンの首が皿に載せて運ばれて來た。

　作者フローベールはローマとユダヤとの接觸によつて「世界の局面が一新され」た決定的瞬間を「考古學的にも政治的にも可能なかぎりありのままに詳しく描」（戸田吉信譯）いたとチボーデは書いたが、それにしても、ここに描かれる「ありのまま」の人間共は、强欲、色欲、暴食、傲慢等々の所謂「七大罪惡」の權化《ごんげ》の如き輩《やから》許りで、やはりチボーデがフローベールの「聖ジュリヤン」について評した様に、「超自然的恩寵」によつてしか「洗ひ清められ」ぬ人間の暗澹《あんたん》たる本質をここぞと許りに曝《さら》け出してゐる。そんな世界だからこそ卻《かへ》つてイエスの様な清らかな存在が呼び求められたのかもしれないが、それはともかく、「人間的な不足感」が無くなつて了つたら我々は「小鳥よりも愚劣な存在になるでせう、少くとも小鳥は木にとまるのです」とフローベールは手紙に書いた。人としての眞摯な向上心を持たずして、「ありのまま」の己れの儘にぬくぬくと人生を送る様な生き方を彼は心底輕蔑した。

（山田九朗譯、「三つの物語」、岩波文庫）

レフ・トルストイ

一八二八～一九一〇

ロシアの小説家。大地主の伯爵家の子息として領地ヤースナヤ・ポリャーナに生れる。青年時代は放蕩三昧《はうとうざんまい》の生活を送るが、一八五二年、コーカサス騎兵旅團の士官候補生として山地討伐《たうばつ》戰に參加する傍ら、處女作「幼年時代」を執筆して新進作家として迎へられ、その後やや曲《きょく》折《せつ》を經《へ》て、一八六九年、「戰爭と平和」を完成。更に九年後に發表した「アンナ・カレーニナ」に於て藝術的完成の頂點を示すものの、やがて自らの藝術への不信に苦しみ、思想的動搖《どうえう》を來たし、求道《ぐどう》者としての側面を強めるに至る。晩年にはソフィア夫人との葛藤にも苦しめられ、一九一〇年の秋の日の未明《みめい》、家出をして放浪の旅に出、十日後、田舍の小駅で八十二年の生涯を閉ぢる。

神父セルギイ

十九世紀中葉の露都《ろと》ペテルスブルグに、頗《すこぶ》る優秀で美貌《びばう》の青年近衞《このゑ》士官がゐた。彼、カサートスキイ公爵は、何事にも第一位たらんとする强烈な意欲の持主で、士官學校でも近衞聯隊《れんたい》でも「完全無缺《むけつ》な軍人」たるべく絶えず努力を怠らず、皇帝の覺《おぼ》えも目出度い立派な士官となつた。が、それでも彼は滿足せず、社交界でも第一位たらんとして、美人の譽《ほま》れ高い女官の心を射止《いと》めて結婚の約束を交すが、彼女が皇帝の愛人だつた過去を知るや、激しい怒りと絶望に驅《か》られ、救ひを信仰に求めて修道院に逃れ去る。

修道院でも彼は「キリスト教の美德のすべて」を達成せん事を冀《こひねが》ひ、「完全無缺な修道僧」たらんとして一心に努力した末、俗世《ぞくせ》への執著心も何とか乗り超え、三年後、剃髪《ていはつ》して修道僧となり、セルギイの名を與へられる。だが、やがて疑惑や肉欲に苦しめられる様になると、今度は山中の修道院に引籠《こも》り、洞窟の中で隱者の生活を送りつつ、六年間、嚴しい修行を續けるが、霧雨の降る或る寒い晩、一人の美女が密かに洞窟を訪れた。飽食《はうしよく》の毎日にうんざりしてゐる金持の出戻り女だつたが、美貌の修道僧の評判を聞きつけて、誘惑して憂《う》さ晴らしをしようと思つたのだ。セルギイは危ふく誘惑に屈しさうになるが、斧《をの》で己が人差指を切斷し、辛《から》うじて己れを制する。女は恥入り悔恨に苦しみ尼僧となるが、この出來事は評判となつて、セルギイの名聲は高まる。

隱者となつて八年目、セルギイには病氣を癒《いや》す奇蹟の力があるとの評判が擴《ひろ》がり、多くの人々が彼を訪ねて來る様になる。セルギイは聖者さながらに崇《あが》められるが、人々との應對《おうたい》にひどく疲勞を覺えるし、時には逃出したくさへなる一方、「賞讚の言葉にとりまかれる」のを心の底では「嬉し」く思ふ。「うん、聖者はかうするものだ」と思つたり、自分自身に「感動」を覺えたりもする。だが、さういふ自分は所詮《しよせん》「虚榮心」の虜《とりこ》でしかないと、內心、思はざるを得ない。それどころか、人々が捧《ささ》げてくれる愛に「いい氣持になつて」、實は「人々に對する愛」を持合はせず、「謙《けん》讓《じやう》」でも「清淨」でもない己れに忸怩《ぢくぢ》たらざるを得ない。

そんな或日、セルギイは訪ねて來た肉感的な娘の身體につい手を出して了ひ、己れに絶望して修道院を飛出し、眞の信仰の生活を求めて放浪した擧句《あげく》、浮浪者としてシベリア送りになつてからも、自己愛の爲ではない、只管《ひたすら》他の爲の生き方を追ひ求める事になるのだが、さういふセルギイに己が理想を託《たく》した作者トルストイの思ひはさて措《お》き、寧《むし》ろ私が打たれるのは、己れの自我の眞實に飽迄も正直たらんとして懊惱《あうなう》するトルストイの姿である。

ジョージ・オーウェルは「神父セルギイ」の如き作品を物したトルストイについて、「彼は聖者たるべく必死に努力した」男だが、「聖者と只の人間とを別つのは本質の相違であつて、程度のそれではない事を知らねばならぬ」と書いた。いかにも、人間には努力してなれるものとなれぬものとがある。けれども、トルストイは斷じてそれを認めなかつた。彼は聖者たるべく本氣で努力したのである。しかし、と云ふよりも、正にそれ故にこそ、聖者たり得ぬ、肉欲や自己愛の奴隷でしかない己が正體を自らに欺《あざむ》く事が出來なかつた。「神父セルギイ」は、眞摯《しんし》な理想主義と熾烈《しれつ》な現實認識とを包攝《はうせつ》し得る、即ち漱石の云ふ、「兩極の人生觀を同時に把持《はじ》し得る「頭腦の容量の大きい」作家ならではの作品に他ならない。

無論、「戰爭と平和」もさうであつて、熱心な平和主義者だつたトルストイが或る作中人物にかう語らせてゐるのである。「人間の血管から血液を全部抜き去つて、代りに血管を水で一杯にするがいい。さうすれば此の世から戰爭は無くなるだらう」。

（工藤精一郎譯、「トルストイV」、新潮世界文学二十、新潮社）

ハジ・ムラート

ピョートル大帝の時代以來、ロシア帝國は黑海方面への南進を續け、十九世紀中葉、コーカサス山脈一帯を平定すべく、抵抗する回教徒の山嶽民族と熾烈《しれつ》な戰闘を交へてゐた。そんな或日《あるひ》、勇猛な武人として名高いハジ・ムラートがロシア軍の駐屯地に投降して來た。山嶽民族の指導者シャミールの副將として、大膽《だいたん》不敵にして神出鬼沒の行動故にロシア軍の脅威となつてゐた彼だつたが、その武勇や人望を恐れたシャミールが殺意を懷《いだ》いてゐるのを知り、殺される前に辛うじて逃亡したが、愛する家族を連れ出す暇《いとま》が無かつた。しかも彼は嘗《かつ》て山嶽民族内の權力鬪爭ゆゑに父や兄弟や緣者をシャミールに殺されてをり、ロシア軍と戰ふべく手を結んではゐたものの、內心、シャミールを強く憎んでゐたのである。

さういふ次第で、彼はロシア軍の手を借りて家族を救ひ出す事が出來れば、シャミールを打倒する手助けをしようと申し出て投降に及んだ譯だが、ロシア軍はシャミール追討《ついたう》に好都合だとて歡迎する一方、警戒も怠らず、彼が駐屯地の外に出る事を許さなかつた。だが、やがて、文明社會の軟弱や腐敗と無緣な彼の爲人《ひととなり》や振舞は少からぬロシア人を驚かせ、魅惑するに至る。ハジ・ムラートは「射拔く」樣な銳い目を持つ一方、「底拔けに善良さうな笑ひ方をするごく素朴な人間」だつたし、「己れの宗敎に對する愛着」を隱さず、己が「民族の習慣」や「掟」にも強い誇りを持つてゐた。或時、彼は司令官の舞踏會に連れて行かれて、肌を露《あら》はにした女達の姿を見るが、後で舞踏會の感想を訊かれてから答へる。我々の處では女はあの樣な服裝をしない、我々にはこんな諺がある、「犬が驢馬《ろば》に肉をご馳走し、驢馬が犬に乾草を振舞つたが、どちらも腹がふくれなかつた」。

そして、「にやりと笑つ」て彼は云つた、「どの民族も自分の習慣がいいものです」。

處が、彼が家族を救ひたいとの一心で、夜も眠らず、殆ど何も口にせずに祈り續け、屢々《しばしば》司令官に助力を訴へたにも拘らず、ロシア軍は中々行動を起さうとしない。その裡にシャミールが、人質にしてゐる息子の目を抉《えぐ》り妻を陵辱《りようじよく》してやると脅迫して來る。ハジ・ムラートは意を決して駐屯地を脱走し家族の救出に赴くが、追跡するロシア軍に包圍《はうゐ》され、壯絕にして見事な最期を遂げるのである。

史實に材を採つたトルストイ晩年の作品である。「神父セルギイ」について書いた時、私は「戰爭と平和」の作中人物の臺詞、「人間の血管から血液を全部拔き去つて、代りに血管を水で一杯にするがいい。さうすれば此の世から戰爭は無くなるだらう」を引いたが、ハジ・ムラートこそは生きた血液が五體《ごたい》に漲《みなぎ》つてゐる男である。彼ばかりではない。彼がシャミールの許《もと》から逃亡して或る部落に潛伏《せんぷく》すると、己が命の危險を冒しても盟友たる彼を匿《かくま》ふのを崇高な義務と信じるサドーがゐて、さういふ自らを嬉しく誇らかに思ひつつ、「きらきら光る目」でハジ・ムラートを見詰め、自分が生きてゐる限り誰にも「指一本差させはしない」と斷言する。ハジ・ムラートは相手の言葉の眞實を確信して云ふ。よし、解つた、お前に「喜びと生命」を與へるとしよう。二人は「喜びと生命」を總身《そうみ》に感じて生き且つ死んでこそ人たる者の生だと信じて疑ふ事がない。そしてさういふ彼らを「民族の習慣」卽ち己が文化に對する強烈な誇りが支へてゐる。ヴィトゲンシュタインはこの作品をよく弟子達に薦めたが、彼の云ふ通り、ここには人間について「教へられる事が澤山ある」。「平和惚け」の國民こそが學ばねばならぬ事が澤山ある。

（同上）

ヘンリク・イプセン

一八二八～一九〇六

ノルウェーの詩人・劇作家。南ノルウェーのシーエンに裕福な實業家を父として生れるが、八歳の時、父が破産、一家は貧窮のどん底に落ちる。大學入學の準備をしながら創作を始め、紆餘《うよ》曲折《きよくせつ》の後、「ペール・ギュント」等で名聲を勝ち得、五十歳前後からの「社會の支柱」、「人形の家」、「幽靈」、「民衆の敵」等の迫力ある社會劇は全ヨーロッパを震撼《しんかん》せしめた。その後、個我の心理の深層を剔抉《てきけつ》する、象徴的神秘主義的作風に變じ、「野鴨《のがも》」、「ロスメルスホルム」、「ヘッダ・ガーブラー」等の傑作を物した。七十歳の時の「われら死者が目ざめるとき」を最後に、殆ど完全な沈黙の裡に晩年を過す。

幽靈《いうれい》

十九世紀末葉、西ノルウェーの田舍のアルヴィング夫人の別邸。彼女の亡夫は名望家として知られてゐたが、實は酒浸《さけびた》りの放蕩《はうたう》者で、小間使を手《て》籠《ご》めにして孕《はら》ませる樣な男であつた。さういふ夫との生活は地獄だつたが、夫人は妻たる義務を果すべく全力を盡《つく》す。不義の子レジーナは出入りの大工の娘といふ事にして引取つて育て、實父については知らさぬ儘《まま》、今は小間使として働かせてゐる。一人息子のオスワルトについては、穢《けが》れた家庭から遠ざけたいとて七歳の時から外國にやり、父親は高潔な人間だと教へ込み、夫の生前には一度も歸國させなかつた。その息子が畫家となつて戻つて來た。夫人が夫の全遺産を寄贈して孤兒院を建て、開院當日に夫の記念像の除幕式を行ふので、參列すべく歸國したのだ。

夫人は夫の名望を守ると共に、息子に父の遺産を一切繼がせず不幸な過去と訣別させて、新生活を始めようとした譯である。息子の歸宅を喜んだ彼女が、昔馴染みの牧師に、「魂もからだもそこなはないでゐる藝術家」を見てくれと云つて嬉しげに語つてゐると、最前オスワルトが入つて行つた食堂で椅子の倒れる音がして、レジーネの低く鋭い聲が聞えて來た。「オスワルト！　どうなすつたの！　放して！」夫人は愕然《がくぜん》として叫ぶ。ああ、昔の二人の「幽靈」がまた！

家族の爲に嘘までついて「永い恐ろしいお芝

居」に耐へて来たのに、こんな悍《おぞ》ましい結果が齎《もたら》されるとは。夫人は思ふ。ああ、何と卑怯な自分だつたか。昔も今も自分がこんなにも臆病なのは、「幽靈」同然の「古い思想や迷信」に囚はれて、現代の新しい書物が教へる「自由」や「眞理」の爲に生きようとする勇氣が缺《か》けてゐるからだ。

そんな夫人にオスワルトは云ふ、自分はパリで忌《いま》はしい病氣に罹《かか》り、醫者からは「父親の罪が子供に報いた」のだと云はれたが、立派な父に罪がある筈はなく、己が歡樂《かんらく》の生活ゆゑの自業自得としか思へない、今の望みは、レジーナを妻にして最期の時に致死量のモルヒネを飲ませて貰つて死にたい、それだけだ。夫人はそれを聞いて、遂にオスワルトとレジーナに眞實を告げる。レジーナは驚くが、自分を「お孃さんらしく」育ててくれなかつたとて夫人を恨み、田舍で病人の看護など眞つ平です、たとひ船乘り相手の女に墮落する事になつても、今後は自分の「人生の喜び」を求めたいと云つて出て行つて了ふ。オスワルトは、眞實を知つて良心の呵責や悔恨は消えたが、恐怖だけはどうにもならない、お母さんがモルヒネを僕に飲ませて下さい、と云つてゐる裡に梅毒性腦病の末期症狀に陷る。夫人は呆然《ばうぜん》として息子を見詰める。

かうして夫も息子も守らうとした夫人の善意は悉《ことごと》く裏目に出た譯である。夫の名望を守る爲に建てた孤兒院が、開院前日に失火して全燒して了ふのは象徴的だし、折角穢れた家庭から遠ざけてやつたのにオスワルトは父親と同じふしだらな行爲に及ぶ。それは詰り、體面《たいめん》や義務感や母親の愛情といふ「古い思想」によつて救はうとしても、どうしても救へない宿命的現實が儼然《げんぜん》として存在するといふ事に他ならないが、然らば舊思想を束縛や欺瞞として斥け「自由」や「眞理」を重んじる新思想に縋《すが》る事によつて、夫人は幸ひを齎す事が出來たのか。レジーナは眞實を知つて恨みや憎しみのみを募《つの》らせ向上の意欲を失つて了ふし、オスワルトは道徳的には樂になつたものの、父への尊敬を失つてからは己れ一身の事しか考へられなくなつて、親に對する子供の愛情なんぞも「古臭い迷信」、詰りは「幽靈」だと云つて母親を傷つける。

　だが、人たる者としての宿命に縛られつつ、時代の子として時世に翻弄され足掻《あが》きながら生きるのは、無論、吾々とて同じであつて、夫人の悲劇は決して他人事ではない。

（青山杉作譯、「イプセン名作集」、白水社）

アンブローズ・ビアス

一八四二～一九一四？

アメリカの小説家、ジャーナリスト。オハイオ州の貧しい農家に生れ、十五歳の時に兩親の許を去つて印刷所の見習ひ小僧となり、一八六一年、南北戰爭が勃發《ぼつぱつ》するや、北軍に志願、數々の激戰に參加して何度か重傷を負ふが、戰爭終結まで軍務に服する。戰後はサンフランシスコでジャーナリストとして辛辣《しんらつ》な筆を揮《ふる》ふ傍ら、優れた短篇小説を發表（「いのちの半ばに」、「怪奇な物語」と題する短篇集に收錄）。また、機知と風刺に富むアフォリズム集「惡魔の辭典」を一九一一年に刊行。日本に最初にビアスを紹介した芥川龍之介は、「短篇小説を組み立てさせれば、彼ほど鋭い技巧家は少ない」と書いてゐる。

空飛ぶ騎手

南北戰爭が勃發した一八六一年の秋の日の午後、南部ヴァージニア州西部を走る急峻《きふしゆん》な山道の曲り角の茂みの中に、北軍の若い兵士が横たはつてゐた。哨兵《せうへい》の任務に就いてゐる裡に疲勞の餘り眠込んで了つたのだ。その山道の先にもう一つ曲り角があり、そこから平らな巨岩が突き出てゐて、樹木に覆はれた直下一千フィートの溪谷を見下してゐた。

溪谷の底には北軍の五個聯隊が潜《ひそ》んでゐた。夜《や》陰《いん》に乘《じよう》じ山道を傳《つた》つて山の反對側に降り、敵陣地の背後を突かうとしてゐたのだ。が、萬一この奇襲の意圖が敵に察知《さつち》されでもすれば、味方は恐るべき窮地《きゅうち》に立たされる事になる。

眠つてゐた哨兵はヴァージニアの豪家《がうか》の一人息子で、名をカーター・ドルーズと云つた。開戦後、北軍の接近を知つた彼が、北軍に参加したいといふ思ひを父に打明けると、父は無言の儘《まま》一瞬息子を見詰めてから云つた、「行くがいい。ただし、何事が起らうとも、自分の義務と信ずる事を行ふのだぞ。ヴァージニアは、叛逆者のお前からは、手を借りないで事を運ばねばならぬ」。

北軍に入つたドルーズは良心と勇氣と獻身《けんしん》ゆゑに認められ、最前線の危險な任務を任される迄になつてゐた。やがて彼が眠りから覺めると、かの平らな巨岩の上に「威風堂々とした馬上の人」の姿があつた。南軍の軍服を纏《まと》ひ、「ギリシャの神」さながらの沈着《ちんちゃく》ぶりを示して谷底を見下してゐたのである。

事態の急に驚いたドルーズは馬上の人に銃を向け、胸の急所に狙ひを定めた丁度その時、馬上の人はこちらの茂みに顔を向けた。ドルーズは色を失ひ、四肢《しし》は震《ふる》へ、氣を失ひさうになるが、やがて冷靜を取戻して思ふ。あの敵が重大な情報を敵陣地に齎《もたら》すのだけは阻止《そし》せねばならぬ以上、俺の軍人としての務めは明白だ。が、彼が何も氣附いてゐない可能性は無いのか。いや、無い。見るがいい、味方の間抜けな兵士達がどこの頂《いただき》からも見える場所で軍馬に水を飲ませてゐるが、その光景に彼は脇目《わきめ》もふらず見入つてゐるではないか。

やがて南軍軍人は巨岩から降りようとした。下から見ると人馬一體となつて空中を飛翔《ひしやう》してゐるかのやうだ。が、その刹那《せつな》、銃聲がして、人馬共に絶壁の下に轉落《てんらく》して行つた。

　再び哨兵の任務に就いてゐたドルーズの許に軍曹がやつて來て、何を撃つたのかと訊ねた。ドルーズは青ざめた顏で、絶壁にゐた馬を、父が乘つてゐました、とやうやく答へた。軍曹は歩み去りながら「なんといふことを」と云つた。

「惡魔の辭典」で有名な米作家アンブローズ・ビアスの作品である。彼は自らも義勇兵として北軍に參加して頗《すこぶ》る勇敢に振舞ひ、瀕死《ひんし》の重傷を負つてゐる。「惡魔の辭典」の「冷笑家」の項にかうある。「眼が惡くて、物事を、あるべき姿にではなく、あるがままに見てしまふ惡人。だからスキタイ人には、その視力矯正《けうせい》のため、冷笑家の兩眼をゑぐり出す風習があつた」（筒井康隆譯）。ビアスは南北戰爭の現實を「あるがままに見て」、見たが儘の眞實を語つたのだ。例へばこの作品は父を殺した息子に對する「なんといふことを」といふ軍曹の一言で結ばれてゐるが、南北戰爭は實に戰死者六十二萬人といふ、第一次大戰以前では世界戰爭史上最大の戰爭、しかも骨肉《こつにく》相食《は》む慘憺《さんたん》たる内戰であつた。「空飛ぶ騎士」は内戰の悲劇を象徴する作品とも云へる。けれども、委細《ゐさい》は次回に讓るが、ビアスは所謂《いはゆる》反戰平和主義者では斷じてなかつた。「なんといふことを」としか云ひ樣の無い非情苛酷な現實がこの世には確實に存在する。人たるもの、まづはそれを怯《ひる》む事なく直視せねばならぬ、彼はさう信じてゐた。

（西川正身譯、「いのちの半ばに」、岩波文庫）

神々の子

そよ風の吹く麗《うら》らかな日、北軍の軍團が南軍部隊を追尾《ついび》して進んで來て、森林を拔けると、前方に廣い原野が出現した。軍團は停止した。一マイル前方の小高い丘の頂に沿つて石垣が左右遙かに續いてをり、その背後に生垣があつて、更にその背後に木立がある。前進を續けるには、木立の間に何があるのかをまづはどうしても確かめねばならぬ。原野には敵の大部隊の後退の跡が示されてをり、その敵が林間に潛んで銃砲を向けてゐるかも知れず、それを知らずに前進すれば味方は甚大な損害を被りかねない。

軍團長が馬に跨《また》り雙眼鏡を覗いて前方を見やつてゐると、味方の隊列の中から白馬に跨る若い將校が速驅《はやが》けでやつて來た。見てゐた者達は思ふ。敵に狙はれ易い白馬に乘り、しかも目立ち易い綺《き》羅《ら》びやかな禮裝《れいさう》を纏《まと》ふなんて、愚かな奴だ。だが、實に眉目秀麗《びもくしうれい》だし、何と無造作に、それでゐて何と優美に手綱《たづな》を裁いてゐる事か。將校は軍團長の親しい知合らしく、敬禮をしてから何かを申出てゐる。軍團長は許したくない樣子だ。が、二人の會話はすぐに終り、將校は丘の頂に向けてまつしぐらに馬を進めた。

背後の味方は皆張り詰めた氣持でそれを見た。

敵が木立に潜んでゐるかどうかを確かめるには、結局は接近するしか手立がないが、それによる味方の損害を避けるべく、將校はただ一人死地に赴かうとしてゐたのだ。「自分にすべてをやらせて下さい」と、勇敢な彼、自己犧牲を厭《いと》はぬ「この軍隊のキリスト」は申出たのである。今しがた彼を嗤《わら》つた者達は悔《く》いた。ああ、一度でも振向いて我々の「償《つぐな》ひの氣持」を知つてくれたら。彼等は將校の「勇氣と獻身《けんしん》の引力」に感じ入り、「息をこらし、胸をどきどきさせて」見守つた。

　とどの詰り、將校は敵の「沈默の陰謀」を發《あば》くが、自ら標的となつて銃彈を浴び、最後にサーベルで空中に弧を描いて、戰友への、この世への、後の世の人々への合圖《あひづ》の身振りをして、死と歴史への、英雄の挨拶をして死ぬ。味方は感極《かんきはま》つて、喊聲《かんせい》を上げて突撃する。最後はかう結ばれてゐる。ああ、何と夥《おびただ》しい「無用の死」か！「あの氣高い魂」は「虛《むな》しい獻身」の苦い思ひを味はずに濟《す》む事が出來たのであらうか。「ひとつの例外」の行爲によつて、「神の永遠の計畫」の冷酷な完成を大いに毀損《きそん》する事になつたのであらうか。

　ビアスは「神の永遠の計畫」を何處《どこ》迄も非情冷酷なものと見た。全ての人生は、非情冷酷な宇宙に於ける「途方もない冗談」でしかないと信じた。が、彼は同時に、戰ふ男達の中に、R・P・ウォーレンが名著「南北戰爭の遺產」に於て云ふ、「人間の尊嚴の可能性」を、「悲劇的な尊嚴」の證《あか》しをも見た。勇氣や規律や忠誠心といふ古來變らぬ軍人の美徳を、彼は生涯稱賛《しょうさん》して已《や》まなかつたのである。

然るに、南北戰爭後のアメリカでは、マーク・トウェインが「金ぴか時代」に描いた樣に、拜金主義や政治腐敗が横行《わうこう》し、さういふ祖國の爲體《ていたらく》にビアスは甚《いた》く幻滅して、かつての激戰の地をめぐる旅に出、ウェスト・ヴァージニアの南軍兵士の墓地を訪れ、「死者の野營地」なる一文を草して、「誠實にして勇敢な敵兵」の見事を稱へ、「劍の時代から口舌《こうぜつ》とペンの時代」に墮落した祖國を痛罵《つうば》し、一九一三年、七十一歳の時、次の樣な手紙を遺して動亂のメキシコに旅立ち、消息を絶つた。

「私がメキシコで石壁の前に立たされ、滅茶苦茶に撃たれて死んだと噂に聞く事があつたら、どうか解つてほしい、そいつはこの世におさらばするなかなか結構な方法だといふのが私の考へだといふ事を。老齡や病氣で、或は地下室の階段を轉落して死ぬより、餘程《よほど》ましです」。

（猪狩博譯、「ビアス選集一」、東京美術）

ヨハン・アウグスト・ストリンドベリ

一八四九〜一九一二

スウェーデンの小説家、劇作家。ストックホルムの零落《れいらく》した商人と女中との間に歓迎されざる子として生れ、鞭と飢餓《きが》の恐怖に怯《おび》えつつ育つ。生涯に三度結婚して三度破婚。大學卒業後、様々な職業を試るが何れも挫折し、自棄《じき》と窮乏《きゆうぼふ》の裡にボヘミアン生活を送りながら創作を始め、一八七九年、自然主義小説「赤い部屋」を發表して一躍新文學の旗手となる。その後、徹底した無神論の立場に立つて、人生を食ふか食はれるかの我意《がい》の闘争と見る小説や劇を次々に發表。「令嬢ジュリー」はその時期の代表作だが、やがて神と贖罪《しよくざい》の観念に救ひを見出し、飽くなき自我の追求は破滅を齎《もたら》すと悟つて、後期の代表作「ダマスクスへ」を物するに至る。

令嬢ジュリー

十九世紀末のスウェーデン、夏至祭の日、伯爵家では召使達が夜通し浮かれて踊つてゐた。臺所では下男のジャンと料理女のクリスティンが伯爵令嬢ジュリーの氣違染みた振舞について語り合つてゐる。令嬢が森番や下男の自分と踊るなんて尋常ぢやない、「お嬢様はいやにお高くとまつてるかと思ふと、また妙に下司《げす》なところがあるな、亡くなるまへの奧様そつくりだ」とジャンが云ふ。令嬢の亡母は男女同權思想にかぶれた平民出身の女であつた。クリスティンが、お嬢様は婚約が破談になつてお辛いのよと云ふと、お嬢様が許嫁の男を犬みたいに扱つて憤慨される場面を自分は見たとジャンが云ふ。そこへジュリーが入つて來て、一緒に踊れとジャンに命じる。ジャンは躊躇《ためら》ふが、ジュリーは承知せず、ジャンを連れ出して踊り狂ふ。

やがてジュリーは臺所に戻り、ジャンと二人でビールを飲みながら會話を交す。ジュリーは夢の話をして、自分が高い柱の上に坐つてゐて、勇氣が無くてどうしても下に降りられず、苛立《いらだ》つ夢を良く見るけれど、地面に着いたら、もつと下の、地の底へも潜り込みたくなるかも知れないと云ふと、ジャンが、自分が見るのは大きな木の上へ昇つて、鳥の巣を探して黄金の卵を手に入れる夢だと云ふ。様子が良くてフランス語も喋れるジャンに惹かれて、ジュリーが際《きは》どい戯《たはむ》れ方をする。ジャンは、少年の頃、庭で見たジュリーの姿に戀《こ》ひ焦《こが》れ、もう一度會へたら死んでもいいと迄思ひ詰めたといふ話をする。すると、外で召使達が二人の陰口《かげぐち》を云ひながら歌ふ聲が聞えて來る。二人はジャンの部屋に隠れる。

ややあつて二人が臺所に戻つて來る。情を交した二人の間で口論が始まる。この儘《まま》ではゐられない、外國に逃げホテルを經營して暮しを立てよう、とジャンが云ふと、資金が無いとジュリーが答へる。でも、貴方の情婦になつて、召使には後指を差され、お父様の顔もまともに見られないなんて、「ああ、なんてことをしてしまつたのだらう」とジュリーが嘆くと、泣言は止めろ、「女をものにする美辭麗句《びじれいく》」を信じた淺はかな「賣女《ばいた》」めとジャンが罵《ののし》る。その通りだわ、どうか「このさげすみとけがれ」の中から救ひ出してとジュリーが泣く。「どうせ同じ穴の貉《むじな》ぢやないか、上品ぶるのはいい加減にし」ろとジャンが叫ぶ。

結局、ジュリーは進退谷《きわ》まつて自殺に追込まれる事になるのだが、ジョージ・スタイナーは作者ストリンドベリについて、彼は自らの「個人の魂に鏡を掲げ」た劇作家に他ならず、「戯曲といふ極めて公的な形式を用ゐてかくも私的な表現を行つた劇作家は他に無い」と書いてゐる。「下司」な欲求に押し流されて、「さげすみとけがれ」に苦悶《くもん》するジュリーも、上昇の欲望に驅《か》られて令嬢も下男も「同じ穴の貉」だと嘯《うそぶ》くジャンも、作者の紛《まぎ》れも無い分身だが、もう一人重要な分身がゐる。信仰心篤《あつ》いクリスティンは二人の關係を察知《さっち》して、「ふしだら」に染りたくないとて伯爵家を去らうとすると、偉い奴らも「同じ穴の貉」と知れば氣樂《きらく》ぢやないかとジャンに云はれ、違ふ、あの人達が自分より「偉くない」と分れば「偉くならうと努める甲斐」が無くなつて了ふと答へる。マイケル・メイヤーの英譯では「偉くならうと努める」は improve ourselves（「己れ自身を善くする」）となつてゐるが、ストリンドベリが描いたのは、畢竟《ひっきゃう》、眞摯《しんし》な信仰に縋《すが》つて「己れ自身を善く」しようと努めぬ限り、終に救ひ無き人間の現實である。「己れを善くする事、世界を善くする爲に我々に爲し得るのはそれしかない」とヴィトゲンシュタインは云つたが、それは本當の事である。

（千田是也譯、「ストリンドベリ名作集」、白水社）

ギ・ド・モーパッサン

一八五〇～一八九三

フランスの小説家。ノルマンディー地方に生れる。十二歳の時、父母が別居する。普佛《ふふつ》戰爭に從軍し、パリで役人生活をした後、母の兄の親友たるフローベールに師事して創作に勵《はげ》み、一八八〇年、「脂肪の塊《かたまり》」を發表して師に絶讚され、名聲を獲得する。以後、「女の一生」、「ベラミ」、「ピエールとジャン」等の長篇の他、三百餘の中短篇小説を發表するが、惡性の神經疾患《しつかん》や多作の疲勞のせゐもあつて、一八九二年の元旦の夜、發狂して自殺を圖り、翌年、廢人同樣の有樣で精神病院で生涯を終へる。少年時からショーペンハウエルの影響を受け、生涯を通じて厭世《えんせい》觀に強く支配された。

わらいす直しの女

さる町に邸を構へる侯爵家の晩餐會の席上、人は人生に一度しか眞實に戀愛出來ないものか、それとも何遍も出來るものかといふ議論が持上り、意見を求められた老醫者が、自分は五十五年間一日も休まずして「死によつて始めて終焉《しゆうえん》をつげた情熱」を知つてゐると云つて、藁《わら》椅子直しの貧しい老婆が町の藥劑《やくざい》師の男に寄せた直向《ひたむ》きな情熱について物語る。三箇月前、彼女は臨終の床で醫者に遺言執行人となる事を頼み、己が生涯について實に「いたましい話」を語つたのだといふ。

　彼女は藁椅子直しの貧しい兩親と共に、幼い時分から「いすの直しはよろしう！」と叫びつつ、蝨《しらみ》のたかる汚い恰好で方々を流浪してゐた。行く先々の子供達は、乞食の子なんかと口を利くなと親に嚴命されてゐるから、友達になつてくれないし、男の子から石を投げつけられもしたが、時に駄賃に銅貨を貰ふ事があると、大事に藏《しま》つて貯へてゐた。十一歳になつた或日、町の藥劑師の息子が友達に小錢を取られたとて泣いてゐる處に行き逢つた。彼女はブルジョアの子弟の泣く姿に動顚《どうてん》して、貯への全部を少年の手に握らせると、彼が受取つてくれたので、嬉しさの餘《あま》り抱きついて接吻するや、一目散《いちもくさん》に逃げ歸つた。

その後、彼女は各地を放浪しながらも再び少年に會つて心のときめきを味はひたいと冀《こひねが》ひ、親の金を盜みさへして貯へを拵へ、町に戻つて少年に回《めぐ》り遭ふと、全財産を握らせ、受取つた少年を思ひの儘に愛撫する。さうして四年間、貯への全てを注ぎ込むが、少年も「接吻に同意を與へる代償として」金を受取り、彼女が來るのを心待ちにする樣になる。が、やがて少年は中學に入り、二年間會はないでゐる裡に別人の樣に成長し、彼女を見ても素知《そし》らぬ顏をする樣になる。彼女はひどく苦しむ。やがて兩親が死んで了ひ、獨りで商賣を續けてゐたが、また町にやつて來ると、藥劑師の息子が親の店を繼《つ》いで結婚した事を知る。彼女は自殺を圖《はか》るが、助けられて彼の店に擔《かつ》ぎ込まれる。馬鹿な眞似をするな、と突慳貪《つつけんどん》に云はれるが、男が口を利いてくれただけで彼女は「ながいこと幸福」だつた。

爾來《じらい》、彼女は藥劑師の店で買物をして男に金を注ぎ込む一方、倹約をして二千フラン餘りの金を貯め、男に渡してほしいと遺言して死ぬ。醫者が男の店に行き、老婆の直向《ひたむ》な愛情を傳《つた》へると、藥劑師の夫婦は、あんな乞食婆さんに愛されてゐたなんて、名譽に關はるとて激怒する。が、醫者が遺産の話を持出して、それなら遺産は貧民に施《ほどこ》す事にしませうか、と云ふと、夫婦は狼狽《らうばい》して暫《しば》し言葉を失つた後、老婆の「最後の意志」を斷るのは憚《はばか》られると云つて、金を受取るのであつた。

　老婆の傷《いた》ましくも純粋な愛情は感動的だし、吾々讀者は無論老婆に同情する。藥劑師夫婦が遺産を貰ひ損《そこ》ねかねないと知つて狼狽する場面に讀者は溜飲《りういん》を下げるであらう。だが、この作品に限らず、「シモンのパパ」や「ジュール叔父」等、モーパッサンの優れた短篇を讀む度に考へさせられるのは、世間に蔑《さげす》まれる哀れな主人公達に同情する吾々自身の心中を覗いてみれば、多かれ少かれ我欲や因襲や偏見の奴隷たる俗人《ぞくじん》共がそこに確實に棲息《せいそく》してゐるといふ事實である。老婆よりも藥劑師の徒《と》の方が遙かに吾々に近しいのだ。トルストイはモーパッサンを論じて、「女の一生」の作者は「なぜ、なんのために美しいひとが滅びたのか？　これはなぜ起こつたのか？　と問ひただしてゐるかのやうである」（中村融譯）と書いたが、この作品についても同樣の事が云へよう。人間性が變らぬ限り、「美しいひと」が報われぬ世の中は未來永劫《えいごふ》なくなりはせぬ。

（杉捷夫譯、「モーパッサン」、世界文學全集十六、河出書房新社）

ルイージ・ピランデルロ

一八六七～一九三六

イタリアの小説家、劇作家。シチリアに生れる。小説家として出發し、一八九四年に結婚するが、家産たるシチリアの硫黄鉱山が洪水に呑まれて生活不安に陥り、それが因由《いんゆ》をなして一九〇四年に妻が發狂、十四年後の妻の死亡まで苦難の連續の毎日となる。第一次世界大戰を機に劇作に手を染め、「御意《ぎょい》に任す」、「作者を捜す六人の登場人物」、「エンリコ四世」などの傑作を物した後、イタリアに演劇の復興を齎《もたら》すべくローマに藝術劇場を創設する。一九三四年、ノーベル文學賞を受賞。

御意《ぎょい》に任す

縣廳《けんちやう》に新しく赴任《ふにん》した參事官ポンザの評判が芳《かんば》しくない。彼は妻を街外れの塔の様な家に閉込め、妻の母のフロオラ夫人に同居を許さず、會はせさへしないらしい。夫人は街中のアパートに住み、娘の家を訪れては塔の天邊《てつぺん》にゐる娘と下の庭から顔を合はせるが、會話もせず、手紙を遣取りする許《ばか》りだといふ。しかも夫人が近所に住む上司の課長アガジの家に顔出しもしないので、アガジ夫人の方から挨拶に出向くと、ポンザが怖い顔で戸口に現れ、「姑《しうとめ》は病氣です」と云つて面會を斷《ことは》る。アガジ夫妻は憤慨し、彼等の家族や知合達もアガジ家の客間に集つて、ポンザ一家の異様振りについてあれこれ論《あげつら》つてゐると、フロオラ夫人が現れて婿《むこ》を許して欲しいと云ふ。

夫人によれば、彼女達は四年前のコルシカ大地震で不幸を嘗《な》め、特にポンザは多くの肉親を失つた衝撃から立直れず、心ならずも無禮《ぶれい》な振舞をしたのであり、自分を娘に逢はせないのも、「妻の心の全部が欲しい」との「激しい愛の氾濫《はんらん》」ゆゑの事、自分としては娘の顔が見られれば滿足だと云つて歸つて行く。

一同、夫人に同情してゐると、ポンザが現れて云ふ。フロオラ夫人の娘、詰り自分の妻は大地震で死に、その折夫人は發狂した。二年後、自分は再婚したが、後妻を見た夫人が彼女を娘と信じ込み、全身を震はせて笑ひ出した。以來、後妻が夫人の「實の娘だといふ幻影を毀《こは》さ」ぬ樣に努めてをり、後妻も協力してくれてゐるが、狂人の老女に抱きつかれでもしたら堪《たま》るまいから、二人の間を隔《へだ》ててゐる。

今度はポンザの話に一同納得してゐると、再びフロオラ夫人が登場して云ふ。ポンザが新婚當時、餘《あま》りの愛の激しさで屢々《しばしば》娘を死にさうな目に遭《あ》はせたので、心配して密かに入院させると、彼は妻が死んだと思込み、絶望のどん底に陷つた。しかも恢復して戻つた娘を別人だと云張り、自分の妻と認めようとしないので、娘を彼と再度結婚させて取繕《つくろ》つたが、彼は妻が亦《また》消えるのを恐れて監禁同樣の狀態にしてをり、自分は狂氣を裝《よそほ》つて彼の氣を鎭《しづ》めてゐる。

一同困惑してゐると、アガジの甥のロオジンがポンザ夫人を呼べば眞實が解る筈だと云ふ。やがて彼女が覆面《ふくめん》をしてやつて來ると、彼女を見てフロオラ夫人は娘の名を叫び、ポンザは後妻の名を叫ぶ。が、ポンザ夫人に指圖《さしづ》されて、二人が啜《すす》り泣き、勞《いたは》り合ひながら退場すると、彼女は云ふ、「ああいふ不幸は、そつと手を觸《ふ》れずに置かねばならぬもの」、自分はフロオラの娘でもありポンザの二度目の妻でもある、詰り「人が信じてくれる、その人間なの」だと冷然と云ひ放つて立去るのである。

二十世紀イタリアを代表する劇作家ルイージ・ピランデルロの作品である。彼は二十五年の結婚生活の中、十五年を狂氣の妻と過し、「理由のない嫉妬」で夫を罵倒《ばとう》する妻の狂氣を鎭めるべく、「妻の要求するやうな、もう一人の自分を常に用意してゐなければならな」かつたと内村直也が書いてゐる。フロオラ夫人もポンザも互ひの「幻影を毀《こは》さ」ずにゐられる限り辛《から》うじて不幸に耐へてゐられた譯であり、「そつと手を觸れずに置かねばならぬ」不幸について語るポンザ夫人の臺詞《せりふ》には作者の萬感《ばんかん》の思ひが込められてゐる。然るに、とかく世人は他人の「幻影」ならざる眞實を詮索《せんさく》したがり、人間に纏《まつ》はる眞實を安直《あんちょく》に摑《つか》へられると思ひたがる。その種の輕薄な手合をピランデルロは激しく憎んだ。作者の代辯者ロオジンがかう皮肉つてゐる、「彼等は眞實が摑へたいといふより、眞實の外側が摑へたいんですよ。目鼻立ちさへはつきりついてゐれば、どんな眞實だつてかまやしない、それで彼等は堪能《たんなう》するんですから！」

(岩田豊雄譯、「ピランデルロ名作集」、白水社)

フーゴー・フォン・ホーフマンスタール

一八七四〜一九二九

オーストリアの詩人、劇作家、小説家。ウィーンの裕福な實業家の家に生れる。高校在學中から創作を始め、稀に見る早熟の天才として文壇に登場し、若くして韻文劇を次々に發表、また抒情詩人としてもドイツ近代詩に大きな影響を與へる。中年期には今も人氣の高い歌劇「薔薇の騎士」をリヒヤルト・シュトラウスの作曲により發表し、小説家としても「影のない女」、「アンドレアス」等を書き、「チャンドス卿の手紙」は二十世紀ドイツ文學の出發點として頗る重要な位置を占める。

チャンドス卿の手紙

英國の若き文人チャンドス卿は友人フランシス・ベーコンに手紙を書いて、文學の仕事を斷念する決意を披瀝《ひれき》する。「橋をかけるすべもない奈《な》落《らく》」が、己れの物と云ふさへ躊躇《ためら》はれる程「疎《うと》まし」く感じられる過去の仕事からも、未來に夢見る仕事からも、己れを隔《へだ》ててゐるとしか思へない、といふのだ。

例へば、誰もが氣安く用ひる類《たぐひ》の言葉が段々口に出來なくなつて來て、取分け「精神」だの「魂」だのといふ「抽象的な言葉が、ぼくの口中で腐つた茸《きのこ》のやうに砕《くだ》け散つてしまつた」のだと彼は云ふ。或時、他愛《たわい》の無い嘘をついた四歳の娘を窘《たしな》めて、「いつも本當のことをいはなくてはいけないよ」と諭《さと》さうとした途端、酷く氣分が惡くなり、慌《あわ》てて部屋を飛出した事があつたが、やがて人々の談話などを聞いてゐても、「わけのわからぬ怒り」を感じる様になり、誰さんは善人だとか、彼さんは惡人だとか、人々が氣安く云ふと、さういふ談話の中の全ての事柄を「氣味の惡いほど」事細《ことこま》かに吟味《ぎんみ》せざるを得なくなつた。顯微鏡で小指の皮膚の一部を觀察した時、「溝《みぞ》や穴のある原野」さながらに見えた事があつたが、人事一般についても同様の印象に襲はれ、自分には「もう何事も單純化してしまふ習慣の目」によつてそれらを捉へる事が出來なくなつて了つたと云ふのである。

だが、その一方、庭や畑に置去りにされた如露《じようろ》や鍬《くは》、日溜《ひだま》りに寝そべる犬、小さな農家といふ類の、顧《かへり》みる人も無い見窄《みすぼら》しい物象《ぶつしやう》が「崇高な感動的な特徴を帯びて」立ち現はれ、「その特徴を記述するには、言葉といふ言葉はすべて貧しすぎる」とさへ思へる事もあるのだとチャンドスは云ふ。それらが美しい戀人にもまして大切に感じられ、我々が「心臓で考へるやうになる」ならば、「新しい豫感《よかん》にあふれた關係を、存在全體と結」べるのではないか、とすら思へる程なのだが、自分と「世界全體を織りまぜたこの調和」が、本質的に如何なるものなのか、如何にして自分の感覺に働きかけて來たのか、「理の通つた言葉で述べる」事は決して出來まいと彼は書き、最後に、それを表現する爲には「單語の一つすらぼくには未知の言語」を用ひるしかないのかも知れないと結ぶのである。

現代ドイツ文學の先軀と云はれる、フーゴー・フォン・ホーフマンスタールの一九〇二年の作品である。ヘルマン・ブロッホが書いてゐる通り、「傳統的な言葉の不十分さ、言葉が語彙《ごい》の點でも文章の點でも凝固《ぎようこ》したステロ版と化した」事への「狂暴な憤怒《ふんぬ》の嘔吐《おうと》感」ゆゑに、チャンドスは文學否定、「言語否定」へと追ひやられる譯だが、やはりブロッホが云ふ様に、「眞實の言語愛は言語否定なしにはありえない」（菊盛英夫譯）。チャンドス卽ちホーフマンスタールが文學を斷念するのは、「何事も單純化してしまふ習慣の目」に基かぬ言語、「凝固したステロ版」ならざる言語を自らに飽迄も嚴しく要求したからであり、そして又、個我と存在全體とを結びつける「調和」なるものを言語によつて、「未知の言語」によつてでも表現したいと强烈に祈念《きねん》したからに他ならない。その祈念を彼は生涯棄てる事はないが、その場合にも、言語否定が言語愛の所産であつたのと同樣、「調和」への夢は、それと全く相反する恐るべき混沌の現實の認識を齎《もたら》さずには措《お》かない。ライフワークの戲曲「塔」がその何よりの證左《しようさ》だが、さういふ眞正の二元論のディアレクティークが吾國には育たない。總じて「何事も單純化してしまふ習慣の目」を怪しまないから、平和は絶對善で戰爭は絶對惡だといふ類のステロタイプの議論ばかりが横行《わうこう》する事になる。

（川村二郎譯、「ホーフマンスタール／ムージル」、
世界文學全集八十一、講談社）

塔

十七世紀のポーランド王國は正に「時代の蝶番《てふつがひ》が外れた」（「ハムレット」）狀態であつた。舊來《きうらい》の價値秩序は崩壊し、權威を失つた王のバジリウスは闇雲《やみくも》に權力にしがみつき、貴族は腐敗し、野心家が跳梁《てうりやう》し、反ユダヤ人感情が高まり、民衆の叛亂《はんらん》が頻發《ひんぱつ》した。そんな中、バジリウスは邊境城塞《へんきやうじやうさい》の塔に幽閉《いうへい》してゐた王子ジギスムントを塔から出し、王位に卽《つ》けて己が權力の維持を圖《はか》らうとする。

ジギスムントは生れ落ちるや塔に幽閉されたのだが、それは、バジリウスが一つの預言を恐れた爲だつた。預言によれば、王子はいづれ國土の大混亂の中、叛亂者を率《ひき》ゐて父王を足下に踏みつけるに至るであらうといふのだ。爾來《じらい》、ジギスムントは人間社會から隔絶《かくぜつ》され、狼の毛皮を纏《まと》ひ、足を鎖で繫《つな》がれ、獸の如き有様で二十年の歳月を過してゐた。

そんなジギスムントを守り育てたのは城塞司令官のユリアンである。ユリアンの教育によつて、ジギスムントは逆境《ぎやくきやう》にありながらも精神を高められ、指導者としての成長を促される。或る學者の云ふ様に、ジギスムントは「人間の苦惱の象徵」であると同時に、「苦惱から人類を解き放つ使命

を擔《にな》ふ」指導者としても描かれてゐる。云はばイエスの似姿《にすがた》として、敬虔なカソリック信者のホーフマンスタールがジギスムントを描かうとしたのは間違ひない。しかし、實はユリアンが王子を教育したのは自らの腹黒い野心の爲だつた。王子が卽位した曉《あかつき》には、自分が王子を通じて國を支配する事を目論《もくろ》んでゐたのだ。彼はその下工作として、部下の伍長オリヴィエに叛亂を起させ、權力の奪取を畫策《かくさく》する。

かうして、バジリウスにとつても、ユリアンにとつても、ジギスムントは己が權力慾を滿たす爲の手段でしかなかつた。ジギスムントは相《あひ》まみえた父王の態度からそれを見拔き、父王を撲《なぐ》りつけ、ユリアンとも袂《たもと》を分つて、權力慾に據《よ》らぬ新しい秩序を打立てるべく自ら國家を導かうとする。けれども、力と力とが相爭ふ「地獄が荒れ狂」ふ中、オリヴィエは囚人や無法者や社會の落《らく》伍《ご》者を糾合《きうがふ》して叛徒《はんと》の首領にのし上り、精神的價値の一切を蔑《さげす》み、力の支配こそが世界の「まやかしのない事實」と嘯《うそぶ》いて暴威《ばうゐ》を恣《ほしいまま》にし、バジリウスもユリアンも殺した擧句《あげく》、民衆の慕《した》ふジギスムントを傀儡《くわいらい》として戴《いただ》いて、國家を支配しようとする。だが、ジギスムントはオリヴィエに、「お前はわたしを手に入れることはできない」と云つて傀儡の役割を拒絶する。オリヴィエはそつくりの替玉《かへだま》を探せと手下に命じて、ジギスムントを殺して了ふ。

「塔」には三つの稿があり、今回紹介したのは一九二七年に發表された最終稿だが、初稿でも主人公は殺されるものの、未來に希望が託《たく》される結末となつてゐるのに對し、最終稿の結末は甚だ絶望的であつて、何れの稿が戲曲として出來映《できば》えが優れてゐるか、作者の眞實は何れにあるかを繞《めぐ》つて、今も評家の議論は絶えないのだが、出來映えについてはともかく、未來への夢を抱懐《ほうくわい》し續けるのも、絶望の現實を直視し續けるのも、何れも作者の眞實だと私は思ふ。「希望に反して希望すること」こそは彼が生涯保ち續けた態度だからだ。だが、それにしても、何處までも「希望に反」する人間の現實の本質を、ホーフマンスタールは如何に鋭く見抜いたか。十七世紀ポーランドの混亂を通して、彼は母國オーストリアの第一次大戰に於ける敗戰後の現實、卽ち「精神に支へられない力」の跋扈《ばつこ》する現實を描いたのだが、力の信奉者オリヴィエをオーストリアの伍長出身のヒットラーの豫示《よじ》と捉へる評家も少くはないのである。

（岩淵達治譯、「ホーフマンスタール選集四」、河出書房新社）

D・H・ロレンス

一八八五〜一九三〇

イギリスの作家。無學で酒飲みの父親と教養ある母親との間に生れる。ノッティンガム大學卒業後、小學校教員となるが、舊師《きうし》の妻と駈落ちしてドイツに逃れる。その間、「息子と戀人《こひびと》」を書き續け、一九一三年に刊行して作家としての地位を確立する。翌々年、力作「虹」を完成するが、猥褻《わいせつ》のゆゑを以て發禁となる。一六年、「戀する女達」を發表。第一次大戰後は、旅行記「イタリアの薄明《はくめい》」、「海とサルジニア」の他、評論「無意識の幻想」等により、物質文明の病弊《びやうへい》や精神主義の虚妄《きよまう》を激しく批判し、男性の同志的結合を説く「カンガルー」や「翼ある蛇」の後、性愛による生の回復を主題とする「チャタレー夫人の戀人」、「死んだ男」を書くが、現代に於ける男女の愛の不可能を説く二九年の「アポカリプス」が最後の述作となつた。

狐

共に三十歳近い二人の女の暮す農場は、經營《けいえい》が餘《あま》り芳《かんば》しくなかつた。何せ二人共家畜の本性も知らずに飼育してゐたし、趣味や讀書に時間を割く樣な暮しぶりでもあつたからだ。一人はバンフォードと云つて、小柄で眼鏡を掛け身體が弱く、薄い弱々しい髮には早くも白髮が目立つてゐた。父親が縁遠さうな娘を心配して、身が立つ樣に經營の資金を提供してくれたのだつた。もう一人はマーチと云つて、金は無いが身體は丈夫で、「農場の男手《をとこで》」として野良仕事を引受けてゐたが、顔は男の樣ではなく、豐《ゆた》かな黒い髮につぶらな黒い瞳を持ち、何やら「奇矯《きけう》な、説明しがたい」表情をしてゐた。二人は結局養鶏だけをやる事にしたが、狐が屢々《しばしば》鶏を掠《さら》つて行く。銃を持つて見張りに立つが效果は無い。

或日もマーチが見張りに立つてゐると、牡《をす》狐が現れ、「するどい精悍《せいかん》な目」でこちらを見詰める。マーチは何故か狐が「自分の心を征服した」と感じる。以來、狐は「心の中にどうしようもなく住みつ」いて了ふのだが、それから數箇月後の冬の夕べ、二十歳そこそこのヘンリーといふ若い兵士が突如姿を現した。農場の先代の持主の孫で、休暇を貰つて、祖父の死を知らずに訪ねて來たのだ。その顔の「金白色の産毛、きらきら光る、するどい目」を見て、マーチには彼がかの狐としか思へない。若者は農場に暫く滞在するが、バンフォードが彼を弟の様に扱ふ一方、マーチは彼の目の發する「火花」が己れの「魂に食ひ込んで」來て、その聲《こゑ》の「不思議な力」に全身が縛られる様に感じる。若者も彼女の「黒い瞳」に心踊り、ドレスを着た時の別人の様な女の姿に「獵《れふ》人《じん》」としての己が「男」を自覺して、捕獲してやる、と決心して求婚する。マーチは一旦は承諾するが、女二人の絆《きづな》を斷《た》たれるのを恐れたバンフォードから、己れを安賣りして物笑ひの種になるなと猛烈に反對され、バンフォードの方を愛してゐると自らも考へ、部隊に戻つたヘンリーに婚約解消の手紙を送る。

激怒したヘンリーは邪魔なバンフォードを斥けるべく、自轉車で四時間かけて農場に辿り着く。

マーチは男への愛を自覺する。丁度その時女達が大きな枯木を切り倒さうとしてゐたのをヘンリーは手傳ひ、殺意を懷《いだ》きつつ枯木に斧を振ふ。バンフォードは倒れる枯木の直撃を受けて死ぬ。その後、ヘンリーとマーチは結ばれるが、男は女に「本然《ほんぜん》」の女たるべく「沒我《ぼつが》」の愛を要求し、女は「沒我の自分になり切れ」ず、葛藤が續いた儘《まま》物語は終る。

ヘンリーの激しさに鼻白《はなじろ》む讀者もゐるであらう。だが、ロレンスはバンフォードの樣に男女の性愛に無感覺で生命力を缺《か》く手合を本氣で憎んだ。「チャタレー夫人の戀人」のメラーズ卽ちロレンスは云ふ、「あの連中には死を與へるのが一番思ひやりのある事だ」、「彼らの持つてゐる魂は腐つてゐる」、「僕には彼らを擊ち殺す權利がある」(伊藤整譯)。ロレンスにとつてバンフォードは「チャタレー夫人の戀人」のクリフォードと同樣、魂の腐つた生ける屍《しかばね》でしかなかつた。一方、ヘンリーは男の「本然」の衝動に從ふ存在として描かれてをり、性愛の對象として熱烈に女を求め、女の「沒我」の服從にこそ滿足を覺《おぼ》える。然るに、マーチは本來性愛に敏感な女なのに男の役割を演ずるといふ、かねてよりの自己分裂を何時迄も脫卻《だつきやく》出來ない。さういふ結末は、己が理想の男女關係の困難をロレンスが意識してゐた證左《しようさ》でもあらうが、それはさて措《お》き、ロレンスは男女平等だの生命尊重だのといふ所謂近代的觀念の跋《ばつ》扈《こ》する風潮を、眞の生の健全や充實に敵對《てきたい》する虛《きよ》妄《まう》として容赦無く彈劾《だんがい》した。所詮「人垢《ひとあか》」でしかないそれらを奉《たてまつ》る事しか知らぬ當節《たうせつ》の大方の日本人との距離は天文學的と云ふしかない。

（蕗澤忠枝譯、「ロレンスI」、新潮世界文學三十六、新潮社）

ウィリアム・フォークナー

一八九七～一九六二

アメリカの小説家。アメリカ深南部のミシシッピー州に生れ、生涯の大部分をその地で過す。三十歳前後から、故郷南部の特殊な地域を舞臺に作品を書き始め、一九二九年には代表作「響きと怒り」を、その後、「八月の光」、「アブサロム、アブサロム！」等、問題作を次々に發表する。「エミリーの薔薇」や「あの夕陽」等、優れた中短篇小説も遺してゐる。黒人奴隷制に支へられたアメリカ南部の、南北戰爭に於ける潰滅《くわいめつ》的な敗北といふ宿命的な歷史の中に、現代人の不安や苦惱や希望を讀み取らうとする點に一貫した主題が看て取れる。一九五〇年、ノーベル文學賞を受賞。

エミリーに薔薇を

米國南部のとある町で、沒落した名家の女主人エミリー・グリアソンが七十四歳で死んだ。彼女の屋敷の中を誰も久しく見た事がなかつたので、葬式の日、町の人々が好奇の眼差で弔問《てうもん》に訪れた。

　グリアソン家は誇り高い家柄で、尊大でもあつたし、嚴格な父親がエミリーに男を寄せ附けず、狂人の伯母もゐたりして、彼女は三十歳を過ぎても獨身でゐたが、その裡に父親が死んだ。

　父親が死んだ年の夏、舗裝工事の現場監督として北部人の男がやつて來て、エミリーと親しくなる。結婚するらしいといふ噂が立つが、工事が終るや男は町を立去つた。エミリーは藥局で砒素《ひそ》を入手する。人々は自殺を懸念するが、やがて男が屋敷に入る姿が目撃される。が、その後、彼の姿を見た者はゐない。暫《しばら》くして屋敷から惡臭が漂ひ出し、苦情が出るが、彼女は一切取合はない。結局、周邊《しうへん》に石灰が散布されて惡臭は消える。エミリーは閉ぢ籠りがちになり、年老いて行くが、鐵《てつ》灰《くわい》色の毛髪の艷々《つやつや》した色合は死ぬ迄失はれなかつた。

　彼女の葬式の後、屋敷内の或る部屋がこじ開けられた。埃《ほこり》だらけだつたが、新婚用の飾附けが施されてゐて、ベッドの上にはミイラ化した男が抱擁《はうよう》するやうな恰好で横たはり、傍の枕には鐵灰色の毛髪がついてゐた。

　エミリーはフォークナーが好んで描く、「過去からの相續によつて歪《ゆが》められ」、壓《お》し潰され、道を踏み外した者達の一人なのだと或る學者が書いてゐる。誇り高い家柄も嚴格な父親も狂氣の血筋も、エミリーが自ら選び取つたものではなかつた。フォークナーは題名の由來を訊ねられて、「薔薇の花ぐらゐ贈つてやらないと、エミリーが餘《あま》りに可哀想《かはいさう》」だと云つたといふ。己が自由意志の儘《まま》にならぬものを人間は誰しも引受けねばならないし、それに壓し潰されるしかなかつたエミリーは「可哀想」だと私も思ふ。

　けれども、フォークナーが過去の相續人たる人間の悲慘を描いたのは、畢竟《ひつきやう》、それと戰ふ强さを人間に求めたからに他ならない。彼は人間を尊敬したかつた。だが、尊敬する事の困難を知拔いてゐた。人間は皆多かれ少かれエミリーだからであつて、吾々が人たる者として格闘せざるを得ない、人間の宿命の在るが儘を描く事こそが作家の責務だと彼は信じた。それ故、一九五〇年、朝鮮戰爭の戰況《せんきやう》が惡化して、原爆保有を宣言したソ聯の介入が恐れられた頃、彼はノーベル賞受賞講演でかう語つた。今や世界中が「物理的恐怖」に支配され、「吾々はいつ吹き飛ばされるのか」とばかり案じてゐて、最早《もはや》「精神の問題」は顧《かへり》みられず、若い作家達も「自らの心と心との格闘といふ、唯一《ゆいいつ》書くに値する問題を忘却《ばうきやく》して了つた」。「ノーモア・ヒロシマ」なんぞと云つて、「物理的恐怖」を賣物《うりもの》にする何處《どこ》かのノーベル賞作家とは雲泥萬《うんでいばん》里《り》と云ふしかない。

先年、吾々は東日本大震災といふ「物理的恐怖」を經驗したが、新井白石は元祿の大地震の折、藩邸《はんてい》に急がうとして氣が急《せ》く餘り、折角《せっかく》用意した藥を忘れて「はせ出《いで》しこそ恥かしき事に覺ゆれ」と自傳「折たく柴の記」に記した。尊敬する父から學んだ、事に當つて自若《じじゃく》たるべき古武士の生き方に悖《もと》つた己れを、白石は心中に恥ぢた譯だが、固より畜生はそんな事は思はない。

（龍口直太郎譯、新潮文庫）

ソーントン・ワイルダー

一八九七〜一九七五

アメリカの小説家、劇作家。中西部ウィスコンシン州に生れ、父の仕事の關係で幼少時を中國で過し、エール大學卒業後教鞭を執りつつ創作に勵《はげ》み、一九二七年、小説「サン・ルイス・レイ橋」で一躍有名になる。劇作にも早くから關心を示し、一九三八年の「わが町」、一九四二年の「危機一髪」が共にピューリッツァー賞を受賞。第二次大戰には空軍將校として從軍し、一九五五年以降はハーヴァード大學で教鞭を執る。人間存在の本質に纏《まつ》はる問題を鋭く剔抉《てきけつ》する一方、獨特の肯定的人生觀を貫く。

サン・ルイス・レイ橋

一七一四年の或日、ペルーの名高いサン・ルイス・レイ橋が突如崩落《とつじよほうらく》、五人の通行人が死んだ。目撃した修道士ジュニパーはこの椿事《ちんじ》に神の攝理《せつり》の證《あかし》を見出すべく、五人の過去を詳細に調べ大部の書物を著した。人間は「偶然に支配されて」生きかつ死んでゆくのか、それとも「なんらかの計畫に從つて」生きかつ死んでゆくのか、その確たる答へを獲得せんが爲の熱心な努力の結晶だつたが、結局、神の計畫の確證は得られず、書物は異端の書と宣告され、自らも火刑に處《しよ》せられた。

　では、墜落して死んだ五名の過去は如何なるものであつたか。まづ、リマに住む侯爵未亡人のドーニア・マリーアは生來情愛が強過ぎて、理知的な娘クララと諍《いさか》ひが絶えなかつたが、クララが嫁《とつ》いでスペインに行つて了ふと、「吐《は》け口のない愛情」を滿《みた》すべく娘に必死になつて手紙を書く。が、その一方、彼女は心密かに、人間は皆己れの事だけが大事で「我執《がしふ》といふ鎧《よろひ》」に身を固めてゐると信じてもゐて、自分にしても「娘のために娘を愛してゐるのではなく、自分のために愛してゐ」ると思つてゐた。しかし、娘に「愛し返されたい」との夢は捨てられず、「不思議な心の暗闘《あんとう》に責め」られ酒に溺《おぼ》れてゐた處に、孤兒の侍女ペピータが己れを育ててくれた尼僧院長に捧げる純粋な愛を知つて心打たれ、「やり直す」決意を固め、身籠《みごも》つたクララの安産祈願の爲ペピータを伴ひアンデス山中の神殿に參つた歸途《きと》、事故に遭遇したのであつた。

次はリマの尼僧院で育てられた棄兒《すてご》のエステバンである。彼は雙子《ふたご》のマヌエルとテレパシーや「祕密の言葉」で意思を通じ合つて「一心同體」の毎日を送つてゐたが、二十二歳になつた時、マヌエルが人氣女優に心を奪はれるに至つて、二人の間に龜裂《きれつ》が生じる。が、疎外感に苦しむエステバンを氣遣《きづか》つて、マヌエルは女を思ひ切ると告げるが、二人の溝《みぞ》は埋《うま》らない。そんな折、ふとした事で重傷を負つたマヌエルが、女の事でよくも邪魔してくれたなと、激痛の餘り思はず誇張した云ひ方でエステバンを罵《ののし》つた揚句《あげく》、三日目に死んで了ふ。エステバンは自責感に苛《さいな》まれるが、自殺する勇氣もなく、半狂亂《はんきやうらん》で方々を彷徨《さまよ》ひ歩き、連れ戻す様尼僧院長に頼まれた人物に説得されて、リマに戻る途次《とじ》、墜死《ついし》した。

最後はアンクル・ピオとドン・ハイメの二人だが、彼等については最早《もはや》説明する紙幅《しふく》がない。ただ、彼等も挫折や不幸や孤獨を乘越えるべく一歩を踏み出さうとした矢先に椿事に遭遇するのであつて、何《いづ》れにせよ五名はそれぞれに人間ならではの確執《かくしつ》に苦しみ、愛憎に悶《もだ》え、救濟の希望を抱きつつ、中途で人生を斷《た》ち切られて了ふ。さういふ五名を載せて橋が落ちたのは「單なる偶然」でしかなかつたのか。ジュニパー修道士は調査を進める裡に「信仰と事實との矛楯は、普通一般に想像されてゐるより」大きいと思ふに至るが、結局、彼はその矛楯を矛楯の儘放置《ままはうち》するしかなかつた。作者ワイルダーが戲曲の名作「わが町」で語つてゐる様に、「死を通してしか見えぬもの」、即ち生きてある限り知り得ない事柄が人生には存在するのだ。

一方、事故の後、遺された者達が眞摯《しんし》に死者への愛を語るのを見て尼僧院長は思ふ、人間には「美しい心を期待していいのだ」、生者の國と死者の國とを「つなぐ橋は愛なのだ」。作者もさう信じたかつた。彼は生涯人生に對する樂觀も悲觀も共に否定しなかつた。何れも人間性の本質に根差してゐるからだが、さういふ古來變らぬ人生の普遍的な有様《ありやう》を想像出來ぬ輩《やから》を、彼は「思ひ出せない」者達と云つて蔑《さげす》んだ。

（松村達雄譯、岩波文庫）

アーネスト・ヘミングウェイ

一八九九〜一九六一

アメリカの小説家。シカゴ郊外に生れる。幼少年時代は北部ミシガンの湖畔で夏を過し、釣と銃獵を父に教へ込まれる。一九一七年、赤十字要員として第一次大戰に從軍、翌年、北イタリア戰線で重傷を負ふ。戰後、新聞特派員としてパリに渡り、取材の傍ら創作に勵《はげ》む。一九二〇年代半ばから短篇集「吾等の時代に」、長篇「日はまた昇る」、「武器よさらば」等を次々に發表。その後も戰争や鬪牛等に象徴される「激烈な死」への關心を懷《いだ》き續け、一九四〇年にはスペイン戰争の體驗《たいけん》を基に「誰がために鐘は鳴る」を書く。一九五四年、ノーベル文學賞を受賞。一九六一年、獵銃で自殺を遂げる。

僕の父

妻には死なれアメリカでは「何もかもだめになつちやつ」たので、騎手のバトラーは息子のジョーとイタリアに渡り障礙《しやうがい》レースに出て暮しを立てるが、太る體質だから體重を落すのに苦勞した。しかし、縄《なは》跳びで大汗を掻《か》くその姿が見るからに樂しく、ジョーは心底《しんそこ》父が好きでならなかつた。

だが、殆ど毎日レースに出る父は疲れ切つてゐた。或日、レースを制した直後、彼はミラノのカフェで二人の男に責立てられて、默り込んでゐた。ジョーが近寄ると、一人が「ふざけた野郎だ」と云つて立去つた。父にそんな事が云へる奴がゐるなんて、とジョーは驚くが、世の中には辛抱しなきやならん事が澤山《たくさん》あるのさと、蒼《あを》い顔をして父は云つた。

三日後、二人はフランスに移つた。二人でサンクルーでの大きなレースを見物に行つた時、こんな事があつた。大本命はツァーといふ名馬で、騎手は父の友人のガードナーだつたが、出走前、騎手の更衣室で、父は誰にも聞かれない様にガードナーに顔を近附け、「どれが勝つ?」と訊くと、相手は「カーカビンだ」と答へた。人氣の低い馬だつたが、父はそいつに大きく賭けた。レースが始り、先頭を走るカーカビンをツァーが直線距離で猛然と追上げたが、結局、カーカビンが僅差《きんさ》で勝つた。凄いレースだと興奮するジョーに、父が「妙な目つき」をして云つた。ガードナーは大した奴さ、ツァーをわざと負けさせるなんて、名手でなきや出來やしない。ジョーの興奮はすつかり醒めて了つた。大金をせしめた父はパリのカフェで大酒を飲み、太り出してレースにも出なくなつたが、息子には、「いづれひと財産拵《こしら》へたら」、お前はアメリカに戻つて學校に行けと云つた。

やがて父はツァーに劣らぬ駿馬《しゅんめ》を買つた。調教師と騎手を自分で兼ねれば「すごくいい投資になる」と考へたのだ。最初のレースで三著になると、父はいかにも嬉しさうで、以前と違つてとても興奮してゐた。「自分自身のためにレースに出る」と、こんなにも變《かは》るものなのだ。處が、二度目のレースの日、父は先頭を走るが、障礙を越えた途端、他の馬と衝突して轉倒《てんたう》し、馬の下敷きになる。擔架《たんか》で運び込まれた時、父はもう死んでゐた。ジョーは泣き續けるが、場外で救急車を待つてゐると、男達の話す聲《こゑ》が聞えた。「いい氣味だ」、「自分で八百長《やほちやう》を仕組んだんだから、自業《じごふ》自得《じとく》つてもんだ」。傍にゐたガードナーが、耳を藉《か》すな、親父さんは「素晴らしい男」だつたぞと云ふが、ジョーは思ふ。「ぼくにはわからなかつた。この世の中つて、せつかく本氣で何かを始めても、結局、何もあとには殘らないみたいだ」。

ヘミングウェイの處女短篇集「吾等の時代に」中の一篇である。ジョーは父が如何樣師《いかさまし》と判つても、やつぱり父が大好きで、「本氣で何かを始め」ようとする父を嬉しく思つた矢先に、父は慘《ざん》死《し》を遂げる。何とも救ひの無い話だが、この作品はヘミングウェイの「悲劇的人生觀の中心的構成要素、卽ち、この宇宙の何ものかが吾々全てを打負かす、といふ考へ方の完璧な表現」であり、短篇集全體の「どん底の情調」の表現でもあると、アメリカの或る學者が書いてゐる。「自らの裡に悲しみよりも喜びを多く持つ人間は眞實ではあり得ない、もしくは未發達だ」とメルヴィルは「白鯨」に書いたが、ヘミングウェイもさう信じた。二十七年後、彼は名作「老人と海」に於て、何物にも打負かされぬ人間の無私のストイシズムの見事を描くが、それは人間の悲哀《ひあい》を知悉《ちしつ》した男の、人間肯定への眞摯《しんし》な祈り以外の何物でもなかつた。

（高見浩譯、「ヘミングウェイ全短篇一」、新潮文庫）

死者の博物誌

博物學者の觀察領域から戰爭が常に除外されてゐる様なので、自分が死者に纏《まつ》はる「合理的にして面白い事實」を提供して、その空隙《くうげき》を埋めるべく努めてみよう、さう語り手は前置きして、まづ十八世紀の「忍耐強い旅行家マンゴ・パーク」の逸話を紹介する。マンゴ・パークは廣漠《くわうばく》たるアフリカ砂漠を旅行中、力盡《つ》きて倒れさうになり、身を横たへ死を待つばかりと觀念したその時、眼前に「異常に美しい小さな苔の花」が咲いてゐるのを見て、かう思ふ、「世界のこんな片隅につまらぬものとしか思へないものを植ゑ、水を與へて立派に育て上げたその神が、神の姿にかたどつてつくつた人間の難澁《なんじふ》する有様に無關心であるはずがあらうか」。マンゴ・パークは氣力を振り絞つて前進し、命拾ひをする。語り手は云ふ、マンゴ・パーク同様の「感嘆と崇拜の心」があるならば、博物學のいかなる分野の研究であれ、我々「一人々々が人生の荒野を旅するにあたつて皆必要とするあの信仰・愛・希望をきつと深めてくれるに」違ひない、然らば「死者からどんなインスピレーションが得られる」であらうか。

以下、戰場に於ける死の種々相《しゆじゆさう》が列擧《れつきよ》されるが、それらは「信仰・愛・希望」を深めてくれるどころではない。脚《あし》を叩き折られ棧橋《さんばし》から突落されて溺死した軍馬、高性能爆藥で爆破され四肢《しし》が引きちぎられた軍需工場の女達、埋葬される迄に色が變つたり氣球よろしく膨張したりするコーカサス人種の死體、「獸みたいな死に方をする」人間達、更には酷暑の熱氣、蠅《はへ》の大群、臭氣等々。最後に語り手は云ふ、かかる戰場にあつてマンゴ・パークと同様に考へる旅行者が果してゐようか。

作品の掉尾《てうび》を飾るのは、最前線の救護所に於ける悶着《もんちゃく》の寸描《すんべう》である。頭蓋《づがい》を砕かれ近くの死體置場で呻《うめ》く瀕死《ひんし》の兵士を、救護所で何とかしてくれまいかと擔架《たんか》兵が軍醫《ぐんい》に頼み込むが、他の負傷兵の治療に忙殺《ばうさつ》され、しかも兵士の助かる見込みが無いと知る軍醫は拒絶する。見るに見兼ねた將校がモルヒネを打つてやつたらいい、と口を挾《はさ》むが、治療に使ひたい軍醫はそれも拒否する。將校が兵士を「苦しませるにしのびない」と云ふと、それなら射殺して來いと軍醫が云ふ。「君は人間ぢやない」と將校が叫ぶ。負傷兵の手當《てあて》が俺の仕事だ、兵士には「できる限りのことはしてやつたんだ」と軍醫が應《おう》じる。「人でなし」と叫んで將校が詰め寄ると、軍醫はヨードチンキの皿を投げつけて目潰《めつぶ》しを喰らはし、將校を床に抑へつける。そこに擔架兵が入つて來て、兵士が死んだと告げる。軍醫は將校に向つて、聞いたらう、「戰時には、お互ひに、無駄な爭ひをするものだ」と云つて手當をしてやる。

以前に取上げたアンブローズ・ビアスと同じく、ヘミングウェイも好んで戰爭を描いて、「信仰・愛・希望」を裏切る否定的現實を容赦《ようしゃ》無く剔《てき》抉《けつ》した。彼等のペシミズムは共に徹底してゐたが、その一方、ビアスが戰場にこそ人間の「悲劇的尊嚴」の證《あか》しを見出したのと同樣、ヘミングウェイも軍人や鬪牛士やボクサー等々、戰ふ男達の壯絕な生き方の中に人間肯定の證しを求めた。彼がスペイン戰爭の體驗《たいけん》を描いた「誰《た》が爲に鐘は鳴る」に於て、主人公ロバート・ジョーダンは「前線に近附けば近附くほど、良い人間が多くなる」と云ふが、「死者の博物誌」の軍醫にしても、「人でなし」と罵《ののし》られようが修羅場《しゅらば》の中で己が存在理由に飽く迄忠實たらんとする作者好みの「良い人間」に他ならない。これを要するに、ビアスを讀んでもヘミングウェイを讀んでも、吾々はベルジャーエフが「人間の運命」に於て云ふ、

「美徳と惡徳とが重なり合ふ（中略）甚だ複雑な道徳的現象」（野口啓祐譯）たる戰爭の本質を篤《とく》と知らされる事になるのである。

（谷口睦男譯、岩波文庫）

ロバート・ペン・ウォーレン

一九〇五〜一九八九

アメリカの詩人、小説家、批評家。ケンタッキー州に生れ、十六歳で南部の名門ヴァンダービルト大學に入學して創作を志す。オックスフォード大學留學後、エール大學等各地の大學で教鞭を執り、詩、小説、文學評論、歴史評論等、頗る多岐《たき》に亙る分野で活躍する。詩と小説の両分野でピューリッツアー賞を受賞し、一九八六年には米國最初の「桂冠《けいかん》詩人」に指名される。小説の代表作は「王様の家來達」、詩のそれは「惡龍の兄弟」。「南北戰爭の遺産」、「デモクラシーと詩」等、卓越せるアメリカ文化論の著作も遺《のこ》してゐる。

いちご寒

九歳の少年セスはテネシーの農場に父母と幸せに暮してゐた。六月の或る日、裸足《はだし》で外へ出ようとすると、今日は季節外れの寒い日、「いちご寒」なんだから裸足は駄目よと母に云はれて驚く。六月に裸足で歩けないなんて、自分が「知つてゐる」事と違ふぢやないか。彼はこつそり裸足の儘《まま》外に出た。

前夜の豪雨で鶏舎《けいしや》の殆どの鶏が溺死《できし》してゐた。「溺れた鶏ほど、死んでゐるといつた感じのするものはない」とセスは思ふ。「目に青つぽい薄膜《うすまく》がかぶさるので、老いぼれた人の瀕死」の顔みたいだ。川には水が溢れ、橋の附近に人々が集つてゐた。馬に乗る父もゐて、セスを抱上げ右手でしつかり支へてくれた。皮の長靴《ちやうか》を履《は》いて立派な軍人みたいな父はセスの誇りだつた。牛の屍體《したい》が流れて來た。「誰かおぼれた牛を喰つた事ある？」と貧しげな若者が云ふと、元南軍兵士の老人が云つた。長生きをするとな、人間、いざとなれば、何だつて食ふやうになるつて事が分るもんさ。
飯炊《めした》きのデリィの小屋に行くと、いつも清潔な小屋が洪水にやられて、床下からゴミや汚物《をぶつ》がどつさり流れ出してゐた。セスは「そんな汚いものがデリィの家の下にあらうとは夢にも思つてゐなかつた」。

この日の朝、農場に見知らぬ渡り者の男がやつて來て、鷄舍の片付けの手傳《てつだ》ひをしてゐたが、服裝は妙だし、ナイフを隱してゐるらしいし、何かと態度が不可解《ふかかい》だし、セスは氣になつて仕方がない。父が男に日當《につたう》を渡すと、男は不滿げな態度を示し、父の長靴のすぐ傍に唾を吐いた。長靴に當つたら「何か事が持上つたことだらう」とセスは思ふ。やがて男は立去るが、セスが跡をついて行くとかう云つた。ついて來るんぢやねえ、つけるの止させねえと、喉つ首、搔《か》つ切るぞ。

以上はセスが回想した三十五年前の出來事だが、この後まもなく父は破傷風《はしやうふう》で死に、父に捧《ささ》げ盡《つく》してゐた母も悲しみの餘り死んで了ふ。しつかり者で、死ぬなんて想像さへ出來ない母だつた。最後にセスは云ふ。渡り者は跡をつけさせまいとあんな事を云つたが、自分は「そのあとをこの年までずつとつけて來たのだ」。

からしてセスは己れが「知つてゐる」と思つてゐたのとは全く違ふ、醜惡で殘酷で不氣味で危險な世界の存在を知る。無垢の世界から經驗の世界に入り込んだと云つてもよい。經驗の世界では、無垢の世界の秩序の守り手だつた父母も詰りは脆《ぜい》弱《じやく》な存在でしかなく、不可解な敵意を祕めた渡り者のやうな他者も出沒する。セスが渡り者の跡を「ずつとつけて來た」と云ふのは、經驗の世界の本質を彼が追究し續けたといふ事に他ならない。

東日本大震災の折、救援に當つた自衛隊の活躍が高く評價された。自分も自衛隊に入隊して救援活動に携はりたいと語る被災地の子供もゐたといふ。だが、自衛隊への無理解が正されるのは喜ばしいとばかりも云つてはゐられない。松原正が「自衛隊よ胸を張れ」に於て云ふ、「有事の際に敵兵を殺し、敵兵に殺される」のが「軍人の存在理由」だとの列國の常識は日本の常識ではなく、自衛隊なる「紛《まが》ひの軍隊」の異常に殆どの國民が無關心だからだ。それは詰り、國民の大多數が日本的主觀の中に閉ぢ籠り、これ迄「知つてゐる」と思つてゐたのとは違ふ世界の存在にはつきり目を見開いて、經驗の世界と眞に對峙《たいぢ》しようとしてゐないといふ事に他ならない。即ちマッカーサーの云つたやうに、日本人は今も無邪氣な十二歳なのである。


（小嶋信夫譯、「アメリカ文學／二十世紀」、世界短篇文學全集十四、集英社）

日本篇

今昔物語

平安後期、院政期初期（十二世紀初頭頃）？

三十一巻からなる說話集。成立の事情、編輯の人數や目的について定說がない。話の舞臺によつて天竺《てんぢく》（印度）、震旦《しんたん》（中國）、本朝（日本）に大別され、それらが佛教說話と世俗說話とに二分される。古代律令制から中世封建制に移行する過渡期の院政期に材を採り、次代の擔《にな》ひ手たる勃興《ぼつこう》期の武士團の生態を鮮かに寫し取つてゐる。芥川龍之介や谷崎潤一郎らが題材を求めた事でも知られる。

源頼信頼義父子と馬盜人

今は昔、京に源頼信といふ武將がゐた。東國に非常な名馬を持つ者がゐると聞いて、手を回して讓つて貰ふ事になり、使ひの者達が馬を引いて戻る途中、馬盜人がそれを見て、盜み取らうとしてつけ狙ふが、隙《すき》が無く、馬盜人は京迄ついて來て了つた。

賴信の子の賴義は、名馬が父の邸《やしき》に入つたと知ると、讓り受けたいと思つてやつて來る。父は子が「未だ云ひ出《い》でぬ前に」心底を見抜き、明朝になつたら馬をよく見て、氣に入つたら引いて行くがよいと云ふ。

その晩、激しい雨音に紛《まぎ》れて馬盜人が忍び込み、馬を盗み去つて了ふ。「馬が盗《と》られた」と厩《うまや》で誰かが叫ぶと、頼信は寝てゐる子に何も告げずに跳《は》ね起き、矢を入れた武具を背負つて馬に飛び乗り、内心、これは東國の馬盗人がついて來て、雨音を幸ひ盗み去つたに相違ないと思ひつつ、關《せき》所《しょ》のある逢坂《あふさか》山目指し唯一騎で追つて行つた。

厩の叫び聲を聞いた頼義も又、父の「思ひける様に思ひて」、父に「かくとも告げずして」、やはり唯一騎で追ひかけた。父は「我が子必ず追ひて來たるらむ」と思ひ、子は父が「必ず追ひてさきにおはしぬらむ」と思つて、共に懸命に馬を走らせたのである。

一方、馬盗人は逢坂山に至ると、逃げ果《おほ》せたと思ひ、水溜りで音を立てながらゆつくり馬を歩ませた。水音を聞いた頼信は、暗くて頼義がゐるかどうかも分らぬのに、「射よ、奴だ」と叫ぶと、その言葉が終らぬ裡に弓音がして、手應《てごた》へがあり、やがて「馬の走りて行く鐙《あぶみ》の、人も乗らぬ音にてからからと聞え」たので、頼信は「馬を取りて來よ」とだけ云つて、その儘《まま》歸途《きと》についた。

頼信は邸に戻ると何も云はずに寝て了ひ、頼義も連れて來た馬を郎黨《らうだう》に預けて寝て了つた。翌朝、頼信は頼義を呼び、「よく射たりつる物かな」などと云ふ事もなく、馬を引き出させ、褒美《ほうび》として子に授けたといふ。「あやしき者共の心ばへ也かし。兵《つはもの》の心ばへはかくぞ有りけるとなむ語り傳《つた》へたるとや」と、この一篇は結ばれてゐる。

「今昔物語集」第二十五巻本朝部に収められた話である。古代末葉から中世への變革期を描いたこの説話集の、平安朝の物語には見られぬ人間達の「野生の美しさ」（芥川龍之介）の魅力もさる事ながら、勃興しつつある武士階級の「兵の心ばへ」の描き方が取分け私には印象深い。山路愛山は名著「源頼朝」に於て、武士は「當時の最も健全な階級」だつたと記してゐるが、當時の世人を瞠目《だうもく》かつ畏怖《いふ》せしめた、頼信頼義父子の以心傳心《いしんでんしん》の振舞は、T・S・エリオットが「文化の定義に關する覺書」に於て指摘する、文化の成長と存續に不可缺な「文化傳達」の問題を考へる上で頗る啓發的である。エリオットによれば、家族こそは「文化傳達の主たる經路」に他ならず、「家族がその役割を果さなくなると、吾々は文化の衰退を覺悟せねばならない」のだが、頼信頼義父子は武士文化の擔《にな》ひ手として、見事に「兵の心ばへ」を育て傳へる「役割を果」してゐた事になる。

遠い中世の武士の時代に限らない。幸田露伴晩年の弟子鹽谷贊は評傳「幸田露伴」に、「露伴とその娘幸田文のことを言ふ人は、露伴の母の猷《いう》を持つて來て三代の美質を論ずる」が、猷の母には芳があつて、芳は「觸手《しよくしゆ》光を生ずるほどの上手《じやうず》」で、拭いたり使つたりするものは磨き上げて「皆つややかに」なつたと書いてゐる。幸田家も數代に亙つて「文化傳達の主たる經路」たり得てゐた譯だが、さういふ「健全」な過去を鑑《かがみ》として、現代の「文化の衰退」を自覺する事こそが何よりの急務だと私は思ふ。

（「今昔物語四」、日本古典文學大系二十五、岩波書店）

宇治拾遺物語

鎌倉前期

鎌倉前期の說話集。教訓臭は無く、總計一九七の說話が類別される事なく興味本意に集められてゐる。編者未詳だが、編者が多くの出典の中から說話を選擇、採錄して編成した全體の中に、ある種の統一性が示されてをり、端的に云ふなら、それは滑稽で愚かな人間性に對する寬容な態度である。室町時代の宮廷で愛され、江戸時代には屢々板行されたが、文學作品として評價されるやうになつたのは近年の事。

盗跖《たうせき》と孔子と問答の事

今は昔、唐土《たうど》に柳下惠《りうかけい》といふ賢くて人々から尊敬されてゐる男がゐたが、その弟は盗跖といふ大盗賊で、大勢の惡黨を手下にして「よからぬことのかぎりを好みて過」してゐた。

或時、柳下惠は道で孔子に出逢つた。舍弟《しやてい》殿が「惡しきことのかぎりを好みて、多くの人を嘆か」せてゐるが、何故止めさせないのか、と孔子が問ふと、聞入れる様な弟ではなく、嘆くしかない有様です、と柳下惠が答へた。それなら自分が教へ諭《さと》してやらうと孔子が云ふと、どんな教へにも従ふ男ではない、「かへりて惡しきこと出《い》で來なん」、お止めなさいと柳下惠は云ふが、孔子は、

「人の身を得たる者」ならばいかな惡人でも「よきことを言」はれて從ふ事もあるもの、まあ、御任せあれ、さう云つて盜跖の許《もと》に赴いた。

孔子は盜跖の棲家《すみか》の前で「魯《ろ》の孔子といふ者なん參りたる」と云つて面會を求めた。盜跖が「音に聞く人なり。何事によりて來たれるぞ。人を教ふる人と聞く。われを教へに來たれるか。わが心にかなはば、用ひん」、適《かな》はざれば身體を切刻んでくれる、と大聲で云ひ放つた時の形相《ぎやうさう》の、「かくばかり恐ろしき者」とは孔子はついぞ思はなかつたから、肝《きも》を消して震へ上るが、堪《こら》へて云つた。人たる者は「道理をもちて身の飾りとし、心の掟」と爲し、上を敬ひ下を哀れまなくてはならぬ、「心のほしきままに、惡しきことをのみ事とする」は、今は良くても「終り惡しきもの」なのだから、「人はよきに隨《したが》ふをよしとす」。

すると盜跖が呵々《かか》大笑して云つた。「なんぢがいふことども、一つも當《あた》らず」、昔の伯夷叔齊《はくいしゆくせい》の如き「世に賢き人」は餓死したし、汝の最愛の弟子の顏回《がんかい》は「不幸にして命短し」、やはり汝の高弟の子路《しろ》は衞の國で殺された。してみれば、「賢き輩は、つひに賢きこともなし。われまた惡しきことを好めど、災、身に來たらず」。それに、惡事も善事も世人が謗《そし》つたり褒めたりするのは精々四五日に過ぎぬ、されば「わが好みに隨ひてふるまふべきなり」。然るに汝は世を憚《はばか》り上を恐れながら、二度も祖國の魯を追はれ、衞の國にもゐられない爲體《ていたらく》、「など賢からぬ。なんぢが言ふところ、まことに愚かなり。すみやかに走り歸りね。一つも用ふるべからず」。

さう云はれて孔子は抗辯出來ず、走り出て馬に乘らうとするが、餘程《よほど》怯えてゐたのか、轡《くつわ》を二度取り外し、鐙《あぶみ》を頻《しき》りに踏み外した。世人はこれを「孔子倒れす」と評した。

鎌倉時代初期の成立とされる、「宇治拾遺物語」全一九七話中最後に収められた話である。中程の第九十話にも、自分は世の政治を正す爲に行動してゐると語る孔子が、「癡《し》れ者」奴がと老翁《らうをう》に嘲《あざけ》られて、その後姿を拜む話がある。物語全體の中の樞要《すうえう》な位置に孔子を虛假《こけ》にする話を布置《ふち》したのには、無論、編者の強い意圖《いと》が籠められてゐるよう。事實、「わが好みに隨ひてふるまふ」者達の笑ひ話に馬鹿話、とんでもなく尾籠《びろう》な話に數多い好色話の類こそは「宇治拾遺」の著しい特色に他ならず、「身の飾り」や「心の掟」をかなぐり捨てた、愚かしければ愚かしい儘《まま》の、弱ければ弱い儘の、下半身の持主たる在るが儘の人間の、といふよりも日本人の姿が頗《すこぶ》る大らかに描かれてゐる。地藏信仰や觀音信仰に纏《まつ》はる話も少くないが、それらは現世《げんぜ》利益《りやく》を專《もつぱ》らとする卽物的な信仰の在り方を描くものが殆どだし、地藏も觀音も甚だ寛大であつて、第八十三話の樣に、罪人を赦《ゆる》す閻魔《えんま》の正體が實は地藏だつたといふ話迄ある。詰り「宇治拾遺」の世界では道德も宗教も殆ど嚴しさを要求されない。何の事はない、目に見えぬ物への畏怖《いふ》の念を失つた、今の我々にこそ一番馴染み深い世界ではないか。

（「宇治拾遺物語」、新潮日本古典集成七十一、新潮社）

井原西鶴

寛永十九～元禄六（一六四二～一六九三）

江戸前期の俳諧師、浮世草子作者。大阪の町人の家に生れ、十五歳から俳諧を學び始め、二十五歳の時に、病沒した愛妻を追善すべく朝から暮までに詠んだ獨吟《どくぎん》千句を契機として、即吟俳諧の流行の魁《さきがけ》となる。四十一歳の年、「好色一代男」を發表。以後、「好色一代女」等の好色物、「武道傳來記」等の武家物、「日本永代藏《えいたいぐら》」、「世間胸算用《むなざんよう》」等の町人物を次々に發表、最後に絶作「西鶴置《おき》土産《みやげ》」を病中に物し、五十二歳で世を去つた。辭世の句は、「人間五十年の究《きはま》り、それさへ我にはあまりたるにましてや」といふ詞書《ことばがき》に續けて、「浮世の月見過《みすごし》にけり末二年」とあつた。

人には棒振蟲《ぼうふら》同然に思はれ

元祿の江戸は上野の人混みの中を、遊び仲間の三人が連れ立つて歩いてゐると、名高い金魚屋があつて、立派な金魚が五兩六兩で買はれて行く。流石《さすが》は江戸と感心してゐると、見窄《みすぼ》らしい身形《みなり》の男が金魚の餌《ゑさ》の棒振蟲《ぼうふら》を賣りに來た。一日中取り集めても二十五文にしかならないが、それで何とか妻子を養つてゐるのだ。「かなしく世をおくれる人」もあるものだと思つて男を見ると、何と、昔遊里《いうり》で一緒に遊んだ、かつての御大盡《おだいじん》の利左衞門ではないか。三人が憐れに思つて、貧しくとも氣樂に暮せる様にしてやりたいと申し出ると、利左衞門は「女郎買《ぢよらうがひ》の行《ゆく》すへ、かくなるならひなれば、さのみ恥《はづ》かしき事もあらず」、「御合力《がふりき》はうけまじ」とてきつぱり斷り、近くの茶屋でなけなしの二十五文の錢を投げ出し、茶碗酒を奢《おご》らうと云ふ。

それなら利左衞門の家で酒を飲まうと、皆であばら屋に押掛けると、昔は吉原で有名だつた女郎が妻になつてゐて迎へに出るが、客の一人については、家に入るのを遠慮して貰ひたいと云ふ。譯《わけ》を問はれて、女郎の頃一度だけ情を交《かは》した事があり、それを「あるじにかくす」のはよからぬ事と思ふからと云つてさめざめと泣く。利左衞門は妻の殊勝《しゆしよう》な心遣ひを嬉しく思ひつつも、自分の客だからとて三人とも招《せう》じ入れ、まづはお茶を、と云ふが、薪がなく、佛壇《ぶつだん》の扉が外れてゐるのを幸ひ、菜刀《ながたな》で打割つて焚付《たきつけ》にする。幼い一人息子は、丸裸でつぎはぎだらけの蒲團《ふとん》に巻かれながら、溝《どぶ》に落ちて着物を濡らしたが着替へが無いので乾く迄裸でゐるのだと云つて泣く。

客達は子供が不憫《ふびん》でならず、歸り際に持合せの金を出し合ひ、天目茶碗《てんもくぢやわん》にそつと入れて家を出るが、やがて利左衞門が追つて來て、「筋《すぢ》なき金をもらふべき子細《しさい》なし」とて、投げ棄てて歸つて行く。仕方無く、二三日後、人を遣はして妻に金を屆けさせると、家は空家になつてゐて、親子の行方も知れない。三人は、「おもへば女郎ぐるひもまよひの種」と思ひ定めて、女郎買ひを止めて了ふ。その結果、女郎が三人大損する事になつたといふ。

西鶴の遺作「置土産《おきみやげ》」中の一篇である。御大盡からぼうふら賣りに轉落《てんらく》した利左衞門は愚かしいと云へば愚かしいが、さういふ彼を西鶴は嗤《わら》つてゐる譯でも裁《さば》いてゐる譯でもない。寧《むし》ろさうして身を落しながらも、誇りや心遣ひを忘れまいとする夫婦の哀しくも健氣《けなげ》な姿を同情を籠めて、それでゐて些かも感傷に溺れる事無く描いてゐる。

西鶴にはよく解つてゐたのだ、哀しくも愚かしいのが人間の常であり、百八煩惱《ひやくはちぼんなう》の塊《かたまり》たる我々人間にとつては、女郎狂ひに限らず、「まよひの種」は生涯盡きる事がない、といふ事を。さういふ人間通西鶴を證《あか》す例は枚擧《まいきよ》に暇《いとま》が無いが、やはり「置土産」に彼は書く、死罪となつて「首はねらるゝ者も、その日の朝食箸もつてくふは、人の命ほどおしき物はなし」。又「好色五人女」にはかうある、「人の身ほどあさましくつれなき物はなし。世間に心を留めて見るに、いまだいたひけ盛《ざかり》の子をうしなひ、又は末末永く契《ちぎり》を籠し妻の若死、かゝる哀れを見し時は、卽座に命を捨てんと我も人もおもひしが、泪《なみだ》の中にもはや欲といふ物つたなし」。つたなし、見苦しい、といふのだ。如何にも「人は化け物」と云ひ放つた男らしい鋭い人間觀察だが、利左衞門夫妻が示してゐる樣に、それだけで人間が割切れるものでもない。眞山青果が書いてゐる、「日本の過去の作者のうち、西鶴ほど眞實を尊重して小說を書いた人もあるまい。言葉を强めて云へば、彼は眞實以外に何事をも描き得ない人であつた」。決して過言ではないと私は思ふ。

（「武道傳來記、西鶴置土產他」、新日本古典文學大系七十七、岩波書店）

太夫《たいふ》格子《かうし》に立名《たつな》の男

駿河《するが》の國安倍川の夜の色街、青柳《あをやぎ》十藏榎坂《ゑさか》専左衞門の二人が酒に醉つて口論し、斬合ひとなつて、十藏が専左衞門を斬り捨てた後、證據《しようこ》も殘さず立退《の》いた。専左衞門の弟専兵衞は事件を知つて驅《か》けつけるが、仇の手懸りが摑《つか》めない。しかも専左衞門が掟に背《そむ》いて屋敷を拔出し惡所《あくしよ》で殺された事に主君が立腹してをり、遺族は屋敷に留まる事もならず、興津にゐる知人を頼つて侘住居《わびずまひ》をする事になつた。

専左衞門の妻は七歳の一子専太郎に「父様《とゝさま》は」と問はれる度に悲歎に暮れて死を思ふが、「我相《あひ》果《はて》なば、さぞ専太郎が歎くべし。女の心のはかなや、夜を日につぎて成人させ、是非に敵《かたき》をうたせでは」と覺悟を固め、女ながら息子に劍道の稽古を授け武藝に勵《はげ》ませた。

専兵衞は手懸りを求め探索する裡に、ひよんな事から十藏こそ下手人と知つて敵と狙ふが、それを知つて十藏は直ちに行方を晦《くら》ます。専兵衞は十藏の郷里出羽迄捜しに行くが發見出來ず、興津に戻り空しく年月を送る裡に、兄嫁に戀慕《れんぼ》する様になり、「武士の義理をもかへり見ず、寝間《ねま》に忍びて」執拗《しつえう》に口説《くど》くが、拒絶される。専兵衞は强引に床の中に潜《もぐ》り込む。兄嫁は懷劍《くわいけん》を抜き放ち、「専兵衞が脇腹をさし通し、其刀にて胸をつらぬき、惜《をし》や廿四《にじうし》の春の世の夢とはな」つたのである。

遺兒専太郎は人々に助けられて成長し、十三歳になると敵討の旅に出る。十藏は噂を聞いて、「我、専左衞門を打《うち》て後、其まゝ切腹すべきこそ武道なれ。さもしき心底おこりて、世をしのび、人のそしりを請《こひ》ぬる事もよしなし。我《わが》かたより名《な》乘《のり》出て、子細《しさい》なくうたれて、専太郎が本望《ほんまう》をとげさすべし」とて興津に急ぐが、行き違ひで會ふ事が出來ず、已《や》む無く、「我生國《しやうこく》、出羽の羽黒山の麓《ふもと》寺、觀音院にて待《まつ》べし」と興津に貼札《はりふだ》を立て出羽に戻ると、死病に罹《かか》る。十藏は觀音院の住職に、専太郎が來たら、「たとひ白骨となる共、二たび我を掘出し、敵《あだ》をうたせ給へ」と遺言して死ぬ。

やがて専太郎がやつて來る。掘出してみると、生きてゐるかの様な十藏の姿。「親の敵のからだなれば、うつ」と叫ぶと、十藏の死骸は眼を開き、笑つて首を差し出す。帯刀《たいたう》は刃を引きつぶしてあり、「うたるゝ覺悟の心入《こころいれ》、ためしなき男」であつた。専太郎はもはや「恨みはなし」とて、出家する。

「武道傳來記」中の一篇である。西鶴には「武士の義理とか世間的な顧慮《こりよ》とかいふものに對して、人間の自然の性情を重んじるといふ氣持があつたことは認めてよい」と或る西鶴學者は書いた。町人の西鶴が「自然の性情」に逆らふ武士の生き方を複雑な思ひで眺めてゐたのは事實であらう。實際、「武道傳來記」全篇は武士に纏《まつは》る美談を主たるモチーフとしてはゐない。けれども、専兵衞の無様《ぶざま》が示してゐる通り、「自然の性情」に押流される人間を西鶴はその儘肯定してゐる譯ではない。「好色一代女」の主人公は「ほしや男をとこほしや」とて頗る奔放《ほんぱう》に生きるが、同時に己れを「あさましく」思ひ、「是《これ》をそろしの世や」とも呟いてゐる。一方、専左衞門の妻は不名譽な死を遂げた夫にも貞節を貫き、十藏は死後も武士の覺悟を棄てまいとする。二人の生き方の見事は西鶴の胸を打つたのであり、さればこそ青果の様に「西鶴は眞實以外に何事をも描き得ない人」と云ひ得るのだ。小林秀雄が赤穂浪士を評して書いた様に、「自然の性情に逆ふもの、逆はなければ生きて行かれぬ思想といふもの」に取憑かれるのも武士の眞實だつたからに他ならない。けれども、今や我々日本人は「自然の性情に逆ふもの」の事などちつとも氣にしてはゐないから、己れを「あさましく」とも、「是をそろしの世や」とも一向に思ひはしない。

（同上）

近松門左衞門

承應二〜享保九（一六五三〜一七二四）

江戸前期の淨瑠璃・歌舞伎狂言作者。代々武士の家柄に生れ、父親が浪人となつて共に京都に出、自らは公卿に仕へる身となり、宮中で淨瑠璃の上演に接する機會を得る。二十代半ばから淨瑠璃の宇治《うじ》加賀掾《かがのじょう》・竹本義太夫及び歌舞伎のために作品を書くやうになつて、元祿十六年、五十一歳の年、「曾根崎心中」で大當りを取り、竹本座の專屬作者となり、その後、「冥土《めいど》の飛脚《ひきゃく》」を經て、「國性爺《こくせんや》合戰」等の時代物、「心中天網島《てんのあみじま》」、「女殺《おんなごろし》油《あぶらの》地獄《じごく》」等の世話物の傑作を世に出し、庶民のための戲曲を作り續ける。

冥土《めいど》の飛脚《ひきやく》

　大阪の老舗《しにせ》の飛脚屋、龜屋《かめ》の跡繼《あとつ》ぎ忠兵衞は、大和の國の大百姓の倅《せがれ》だつたが、故《ゆゑ》あつて四年前に養子に入り、商賣は覺えたものの、遊興《いうきよう》にも馴れ、家業を疎《おろそ》かにして色街に通ひ詰めてゐる。そんな彼が後家の養母には氣懸《きがか》りでならず、忠兵衞自身も内心使用人任せの商賣を氣にしてもゐるのだが、相思相愛の梅川なる遊女に戀ひ焦《こが》れる氣持をどうする事も出來ないでゐると、田舍大盡《だいじん》が金力で梅川を身請《みう》けするといふ話が持上る。大金を意の儘《まま》に出來ない忠兵衞は切羽詰《せつぱつま》つて、商賣相手で親友の八右衞門に渡すべき筈の五十兩を店から持出し、梅川の身請けの手附《てつけ》として遊女屋に拂《はら》ひ、金の請求に店に訪れた八右衞門には事情を打明け何とか了解して貰ふ。が、不審を抱いた養母から、即刻八右衞門に金を渡せと命じられ、困つた末に陶器の鬢《びん》水入れを紙で卷いて小判五十兩に見せかけ、八右衞門に受取つて貰ひ養母を安心させる。

　その晩、飛脚が金を龜屋に運んで來るが、その中の三百兩はすぐにも堂嶋の武家に屆けなくてはならない金であり、忠兵衞はそれを懷《ふところ》にして堂嶋に向はうとするが、身體は反對方向の色街の方に向いて了ふ。これはいけないと思ひつつも、梅川に會ひたい氣持に負けて、遊女屋に行く。その晩は八右衞門が先に來てゐて、遊女達に鬢水入れを見せて有りの儘を話し、忠兵衞を店に寄せ付けないでくれと頼む。梅川はそれを聞いて泣く。忠兵衞の爲を思つての八右衞門の行爲だつたが、立ち聞きしてゐた忠兵衞は虚榮《きよえい》心を傷つけられ、逆上して八右衞門に食つて掛り、懷中《くわいちゆう》の小判の封を切つて五十兩を八右衞門に叩きつけ、殘りの金で梅川を身請けする。「忠兵衞の封印切り」として有名な場面だが、他人の金を勝手に使つた以上重罪は免れず、忠兵衞は梅川に眞實を打明け、手に手を取つて故郷の大和に逃亡するが、既に捕吏《ほり》の手は回つてゐて、倅《せがれ》を思ふ實父孫右衞門の悲痛な願ひにも拘らず、二人は捕へられて了ふのである。

　近松の大才は、世間で評判の事件を「機敏」に把《とら》へ、「鋭き觀察眼を以て觀察し、優しい同情を以て忖度《そんたく》し、麗しい才筆を以て其れを詩化した」點にあると幸田露伴は書いた。簡にして要を得た評言だが、同時に露伴は、近松が「隨分《ずいぶん》嫌な奴」にも公平に同情を示す點に「餘《あま》り嬉しくなく思ふところが無いではない」とも書いてゐる。忠兵衞にせよ、「心中天の網島」の治兵衞にせよ、「五重塔」や「ひげ男」を書いた男性的な露伴が「嬉しく」思ふ筈はない。だが、津田左右吉が「文學に現はれたる我が國民思想の研究」に書いてゐるやうに、江戸時代の庶民は彼等に甚《いた》く同情の涙を注いだのだ。津田は云ふ、「一般の俗衆の善人と見なし同情をよせるのは、常にこの種の、寧《むし》ろ憐れむべき人物であつて、確乎たる自信を以て毅然《きぜん》として世と戰ひ、それによつて自己を樹立しようといふ鞏固《きようこ》な人格」は「到底當時の俗衆の領解《りやうかい》せざるところであつた」。
　無論、當時の俗衆が「憐れむべき人物」に同情を寄せるのには理由があつた。幕府公許《こうきょ》の朱子學道德の息苦しさに反撥《はんぱつ》して、「人情と云ふものは、はかなく兒子女《じしじょ》のやうなるかたなるもの也。すべて男らしく正しくきつとしたる事は、みな人情のうちにはなきもの也」、「もとのありていの人情といふものは、至極まつすぐに、はかなくつたなくしどけなきもの也」と本居宣長は「排蘆《あしわけ》小《お》船《ぶね》」に書いたが、忠兵衞も治兵衞も「まつすぐに、はかなくつたなくしどけな」く突き進んだ。彼等の血は今も我々の體内《たいない》を確實に流れてゐるが、士魂《しこん》が地を拂《はら》つた今、我々は津田の云ふ「鞏固な人格」なんぞを持合はせてゐる譯ではない。

近松の昔も今も、總じて日本は「はかなく兒子女のやうなる」情緒や感傷に溺れ易い國《くに》なのである。

（「近松淨瑠璃集上」、日本古典文學大系四十九、岩波書店）

上田秋成

亨保十九～文化六（一七三四～一八〇九）

江戸中期の浮世草紙《うきよざうし》、讀本《よみほん》作者、國學者。攝津《せつつ》の遊女屋に生れるが實父は明らかでない。四歳で近くの商人（上田氏）に迎へられ家督を嗣《つ》ぐ。五歳の時に重い疱瘡《ほうさう》にかかり、九死に一生を得るが、病毒で右の中指と左の人差指は屈曲して伸びなくなり、出生と不具ゆゑの劣等感・屈辱感に終生苦しむ。一方、正義感の強い純粋な若者として成長し、戲作や國學への關心を深め、三十二歳で「雨月物語」を書くが、火事で家を失ひ大阪に出て町醫となり、その傍ら文筆に親しみ、國學者として本居宣長と論争し、「癇癖《くせ》談《ものがたり》」、「春雨物語」、「膽大《たんだい》小心錄」等を遺して貧窮の裡に死ぬ。

菊花の約《ちぎり》

戰國時代の話である。播磨《はりま》の國に丈部《たけべ》左門といふ博學の士がゐた。清貧《せいひん》に甘んじ書物のみを友として老母と二人志高く暮してゐたが、或日、近所の家を訪ねると、壁を隔《へだ》てて人の苦しむ聲《こゑ》が聞える。主によれば、三四日前、旅の武士を泊らせたが、其夜、武士は高熱を發し起臥《きが》も儘ならぬと云ふ。旅の空の病苦は辛からう、様子を見たいと左門が云ふと、疫病かもしれぬとて主は懸念《けねん》を洩らすが、左門は笑つて、「死生命《しせいめい》あり」、疫病とて感《う》染《つ》るとは限るまい、見捨てられぬ、と云つて隣室《りんしつ》に入ると、痩《や》せ衰へた武士が悶《もだ》え伏してゐる。「必ず救ひまゐらすべし」とて手厚く看病する左門の「愛憐《あいれん》の厚きに涙」して、武士は「死すとも御心《みこころ》に報いたてまつらん」と誓ふ。

やがて恢復した武士は己が身の上を語る。赤穴宗右衛門といふ雲州《うんしう》の武士で、雲州富田《とだ》の城主に仕へてゐたが、雲州の領主たる近江の佐々木氏綱の許に密使として遣はされてゐた時、尼子經久《あまこつねひさ》が富田城を乗つ取つた。そこで氏綱に尼子討伐《たうばつ》を勸《すす》めたが、臆病な愚將《ぐしやう》ゆゑ出兵しようとしないので、氏綱を見限り富田に戻る途次《とじ》病に罹《かか》つたといふ。

左門は宗右衛門が人格識見《しきけん》共に優れてゐるのを知つて大いに喜び、兄弟の誓ひをして交情《かうじやう》を深めるが、初夏の或日、宗右衛門が、雲州の様子を見に一旦歸國し、然る後歸り來《きた》つて恩返しをしたい、九月九日の節句には必ず歸ると約束すると、左門が云ふ、しからば「一枝《いつし》の菊花に薄酒《うすざけ》を備へて待ちたてまつらん」、必ず「此の日をあやまり給ふな」。

約束の日となり、左門は早朝から宗右衛門を迎へる用意に餘念《よねん》がない。歸り來てから支度をしても遅くはあるまいと老母は云ふが、「赤穴は信ある武士なれば必ず約を誤らじ」、來てから慌てたのでは恥づかしい、と左門が答へる。だが、宗右衛門は中々姿を現さない。夕方になり、諦めかけた左門がもしやとて戸外に出てみると、黄昏《たそがれ》の中に宗右衛門の姿が見える。踊り上つて喜んだ左門が宗右衛門を座につかせて酒食を勸《すす》めるが、宗右衛門はそれを斷はり、實は自分はこの世の人ではないと告げ、死に至つた經緯《けいゐ》を語る。富田に戻ると、殆どが舊主《きうしゆ》を棄て尼子經久《あまこつねひさ》の威《ゐ》に服してゐたが、自分はどうしてもその氣になれず、立去らうとすると、經久はそれを許さず、從弟《じゆうてい》赤穴丹治に命じて自分を城に押込めさせた。そこで已む無く、自ら刃《やいば》に伏し、「菊花の約」を果すべく魂魄《こんばく》となつて會ひに來たのだ、宗右衞門は涙しつつさう語つてかき消えた。

その夜泣き明かした左門は、翌朝、宗右衞門の信義に應《こた》へるべく雲州に出立し、赤穴丹治の家に赴き、武士たるもの、「信義をもて重しとす」、然るに「尼子に媚《こ》びて」宗右衞門に「横死《わうし》をなさしむるは友として信なし」と叫ぶや、丹治に抜打ちに斬りつけ、走り去つたのである。「雨月物語」中の一篇である。二人の男の「信義をもて重しとす」る一途《いちづ》な生き方の激しさは平成の吾々の常識と懸離れてゐるのは無論だが、作者秋成にとつてはどうであつたか。やはり「雨月物語」中の一篇「淺茅《あさぢ》が宿」に出る「一筋に純粋に自己を通してゆく宮木」といふ女は「秋成の性格の投影」だと近世文學者の中村幸彦は書いてゐるが、「菊花の約」の二人も「秋成の性格の投影」なのであつて、それは詰り、人としての眞摯《しんし》な理想なくして秋成の名作もあり得なかつたといふ事である。貧窮の裡に綴《つづ》られた最晩年の特異な随筆「膽大《たんだい》小心録」に於ける辛辣《しんらつ》極まる世相批判もそれをはつきりと證《あか》してゐる。とまれ、作家が本氣で理想を信じて作品を創る、さういふ事がこの國にも確かにあつた譯だが、さういふ傳統が地を拂つた後に吾々は生きてゐる。

（「雨月物語　癇癖談」、新潮日本古典集成二十二、新潮社）

朋誠堂喜三二《ほうせいだうきさんじ》

亨保二十〜文化十（一七三五〜一八一三）

江戸中期の洒落本《しやれぼん》、黄表紙《きべうし》作者。江戸に生れ、秋田藩士の養子となつて累進《るいしん》し、四十九歳で江戸留守居役となる。幼時から俳諧を習ひ、長じて盛んに戲作の筆を執り、特に黄表紙に於て都會的な洒落と滑稽味の本領を發揮、「文武二道萬石通」などの佳作を物するが、この作品で寛政改革を諷《ふう》したため主家から斷筆《だんぴつ》を命じられ、戲作と縁を斷つ一方、晩年まで手柄岡持《てがらのおかもち》の名で狂歌を詠《よ》む。安永・天明期に於ける武士作者中最も重要な一人。

文武二道萬石通《ぶんぶにだうまんごくどほし》

江戸中期、久しく幕政を支配した田沼意次《おきつぐ》が失《しっ》脚《きやく》して、松平定信が「文武奬勵《しやうれい》」を旗印に寛政の改革を推進し始めるや、江戸で發達した繪入文藝、所謂《いはゆる》「黄表紙《きべうし》」の代表的作家達が政情を俎上《そじやう》に載せる作品を相次いで發表した。「文武二道萬石通」もその一つだが、作者喜三二の本來の身分は秋田藩二十萬石の江戸留守居役といふ上流の武士であり、幸田露伴によれば、彼は「江戸の水に染み江戸の風で育」ち、「當時の江戸の第一流の社會に觸《ふ》れるに適した人」で、「文學好き、美術好き」で「天稟《てんぴん》も聰明《そうめい》」だつたから、彼の描く江戸は「先づ信賴して當時の江戸と見てもよい」といふ事になる。然らば定信の新政に搖《ゆ》れる「當時の江戸」を、機知や諧《かい》謔《ぎやく》や穿《うが》ちを本領とする黄表紙によつて喜三二はどう描いたか。かういふ話である。

　或時、鎌倉將軍頼朝が賢臣《けんしん》畠山重忠にかう云つた。「われ四海《しかい》をさめしより、日本の大名小名安堵《あんど》の思ひをなすといへども、武備におこたる心生ずべし。治世といへども文ばかりにてはをさめがたし。今鎌倉の大小名、文にかたぶくもの何ほど、武にはやるもの何ほどといふ事をなんぢが智慧《ちゑ》をもつてはかるべし」。重忠が「はかりごと」を用ゐて大小名を富士山中に誘ひ出し、彼等の性向を觀察すると、「文人より武勇の人が餘計」だが、どちらでもない「ぬらくら武士」が一番多い、といふ結果になつた。報告を受けた頼朝は、「文より武の勝つたるは」目出度いが、「ながく世のしづかなほど、自然と文は勝つものだ」から、俺も懸念して色々差出《さしで》がましい事を云ふ譯だが、然《しか》らば今度はその「ぬらくら武士」どもの性向を見分けて、「文武の二道」にしかと導けと重忠に命ずる。

　重忠は再び計略を用ゐて「ぬらくら武士」を箱根七湯に招き、遊興に耽らせて密かに性向を調査する。それと知らぬ武士達が蹴鞠《けまり》、拳《けん》、茶、淨瑠璃、骨牌《かるた》、藝者遊び、男色等々、てんでに「好きな事をしてたのしむ」姿は素町人《すちやうにん》と何ら變らない。中には淫賣《いんばい》を求めに行つて山賊に扮した重忠の部下に脅され、「ふんどしばかりは、ごめん下さりませ」と謝る大名さへゐる。最後に武士達は大磯の遊郭で遊び狂ひ、三萬兩の借金を拵《こしら》へて醜態を曝《さら》す。

そこに重忠が登場して「はかりごと」を打明け、「柔弱《にうじやく》の心をあらため、武をはげみ給へ」と諭《さと》して事の顛末《てんまつ》を頼朝に報告すると、頼朝が「ぬらくらの大小名をめして」云ふ、「自今《じこん》以後それぞれに、文武の道をまなぶべし」、斷じて「ぬらくらの心をもつべからず」、そんな爲體《ていたらく》で「今にもいくさがあるならば」どうする積りか。一同、恐入つて平伏《へいふく》する。

荻生《おぎゆう》徂徠《そらい》が「今は大形《おほかた》武道は地に落《おち》たる様なれども」と書いたのはこれより六十年も前の事だが、久しい泰平の世の武士の「柔弱」振りには目に餘るものがあつたのである。勿論、「ぬらくら」ならざる武士がゐなかつた譯ではない。「寛政の三畸人《きじん》」の林子平、高山彦九郎、蒲生君平の如き剛直の士も活躍してゐたし、彼等の「士魂」は幕末維新期に迄受繼《うけつ》がれる事になる。だが、やはり多くは「ぬらくら武士」だつたのであり、幕府がいかに旗を振らうと、かく迄の士風の頽廢《たいはい》の立直しが果して可能なのか、との作者の疑念もしくは批判さへ作品からは窺《うかが》へるやうに思ふ。それかあらぬか、幕府から秋田藩主に壓力《あつりよく》がかかり、喜三二は斷筆《だんぴつ》して江戸を去るの已《や》む無きに至るが、それはさて措《お》き、武士の世に於てすらこの爲體《ていたらく》であつた。昨今、國際社會に天下大亂《たいらん》の兆《きざし》が瀰漫《びまん》しつつあり、吾國民の國防意識の希薄《きはく》に警鐘《けいしよう》を鳴らす識者も少くないが、「今にもいくさがあるならば」と本氣で考へようとせぬ「ぬらくら」の體質《たいしつ》は實に實に根深いのである。

（「黄表紙洒落本集」、日本古典文學大系五十九、岩波書店）

森鷗外

文久二~大正十一（一八六二~一九二二）

小說家・軍醫。津和野藩典醫《てんい》の家に生れ、明治五年、家族と共に上京、十四年、東大醫學部の最年少の卒業生となり、直ちに軍醫として陸軍に入り、ドイツ留學や日清・日露戰爭への從軍を經て、軍醫の最高位の軍醫總監にまで累《るい》進《しん》する。その傍ら、甚だ多彩で活潑な啓蒙的文學活動を展開し、詩、小說、評論、飜譯、研究等に優れた業績を遺し、四十五年の明治天皇の崩御及びそれに續く乃木大將夫妻の殉死を機に、「興津彌五右衛門《おきつやごゑもん》の遺書」、「阿部一族」等の歴史小說を立て續けに發表する。大正五年からは史傳「澁江抽齋《しぶえちうさい》」の連載を開始して、晩年の考證學醫傳《かうしようがくいでん》の執筆に新境地を開く。

高瀬舟／その他　其の一

江戸時代中期、寛政年間の話である。遠島《ゑんたう》を云ひ渡された京都の罪人は高瀬川を下つて舟で大阪に運ばれたが、護送役の京都町奉行所の同心は、舟の中で罪人や見送りの縁者達から悲しい話ばかり聞かされるので、役目を大層嫌がつたものだつた。

處が、或日の事、「これまで類のない、珍しい罪人が高瀬舟に載せられた」。喜助といふ名の、「弟殺しの罪人」だつたが、護送役の同心羽田庄兵衞が一緒に舟に乗込んで、その様子を見てゐると、どうにも「不思議」に思はれてならなかつた。喜助の顔が「いかにも樂しさうで、もし役人に對する氣兼《きがね》がなかつたなら、口笛を吹きはじめるとか、鼻歌を歌ひ出すとかしさうに」さへ思はれるくらゐで、どう見ても島流しの罪人らしからぬ樣子をしてゐたからである。

やがて庄兵衞は堪《こら》へ切れなくなつて、喜助に語りかけた。「どうも島へ往《い》くのを苦にしてはゐない」樣子だが、「一體お前はどう思つてゐるのだい」。すると喜助は「につこり笑つ」てから答へた。樂に暮して來た世間の人達にとつては遠島は悲しい事でせうが、自分のやうに居心地のよい場所にゐた事が一度もなく、辛《つら》い目ばかりを見て來た人間にとつては、やつと落著く場所が出來て、「まづ何より難有《ありがた》い事」だし、それにまた、遠島の仕來《しきた》りとして、牢を出る時、お上から二百文も頂いた。恥づかしながら、自分はこんな金子《きんす》を手にした事がないので、これを「島でする爲事《しごと》の本《もと》手《で》にしようと樂しんでをります」。

庄兵衞は「喜助の慾のないこと、足ることを知つてゐること」に一驚《いつきやう》し、自分が暮しに「滿足を覺えたことはほとんど無い」事に思ひ至り、自分には「どうも喜助のやうな心持にはなられさうにない」と考へざるを得なかつた。俺は身に病があれば病がなかつたらと思ひ、蓄《たくは》へがなければ少しでもあつたらと思ひ、蓄へがあつても、もつと多かつたらと思ひ、「どこまで往つても踏み止まる」事が出來ないでゐる。だが、喜助は「今目の前で踏み止まつて見せてくれ」てゐる。庄兵衞は「驚異の目」を瞠《みは》つて喜助を見た。喜助の頭から

「毫光《がうくわう》が差すやうに思」はれた。庄兵衞は思はず「不穩當《ふをんたう》」な言葉遣ひをして、「喜助さん」と呼掛け、弟殺害の譯を訊ねた。喜助は幼い時に兩親を亡くし、弟と助け合つて暮してゐたが、病に罹《かか》つた弟が喜助一人に稼《かせ》がせては濟《す》まないとて、剃刀《かみそり》で自殺を計り苦しんでゐる處に喜助が歸宅し、苦しみを見るに忍びず、乞《こ》はれる儘《まま》に喉から剃刀を拔いてやつたら、その場を人に見られてお繩《なは》になつたといふのであつた。

庄兵衞が喜助の頭から差すやうに思つた「毫光」といふのは、新潮國語辭典によれば、「佛《ほとけ》の眉間の白毫《びやくぐわう》から出る光」の事で、要するに庄兵衞は喜助を佛様さながらに尊い存在と思つた譯だが、無論、さう思つたのは作者鷗外自身であつた。この「高瀬舟」を初めとして、鷗外は「妄想」、「カズイスチカ」、「寒山拾得《かんざんじつとく》」等の作品に於て、彼の理想人間像や、それに背馳《はいち》せざるを得ない己れの現實に對する自省や自嘲《じてう》の念を繰返し描いてゐる。高橋義孝は「森鷗外」に於て、「高瀬舟」と「寒山拾得」とは「相互補足的」だし、喜助は「カズイスチカ」の花房醫學士や「妄想」の主人公とは「正反對の人物で、花房の翁に近い、いやその更に純粹なものだ」と書いてゐるが、これら「相互補足的」な作品群、卽ち日夏耿之介の云ふ「高瀬舟物」に於て示される、「專念に道を求める人」に寄せる鷗外の眞情について、今回は二回に亙つて少しく語つてみたいと思ふ。

（「山椒大夫・高瀬舟」、「阿部一族・舞姫」、新潮文庫）

高瀬舟／その他　其の二

「カズイスチカ」の花房醫學士は大學で醫學《いがく》を學び、病院に勤めて教師になつた位だから、醫學についても「大分理窟《りくつ》だけは覺え」てゐた。一方、顎《あご》鬚《ひげ》の長い彼の父の花房の翁《おきな》は、一介の町醫者たる事に安んじて、盆栽や煎茶を好み、洋書を讀むのを面倒がつて、「新しい醫學の上の知識には頗る不十分な處」があつた。然るに、自分には父に「及ぶべからざる處」があると、花房は自ら認めざるを得ない。鷗外は書いてゐる。

翁は病人を見てゐる間は、全幅《ぜんぷく》の精神を以て病人を見てゐる。そしてその病人が輕からうが重からうが、鼻風だらうが必死の病だらうが、同じ態度でこれに對してゐる。盆栽を翫《もてあそ》んでゐる時もその通りである。茶を啜《すす》つてゐる時もその通りである。

花房はさういふ父の平生《へいぜい》を考へて見ると、「自分が遠い向うに或物を望んで、目前の事を好い加減に濟《す》ませて行くのに反して、父はつまらない日常の事にも全幅の精神を傾注《けいちゆう》してゐる」事に氣附き、父の態度が「有道者《いうだう》の面目に近い」と思はれて、俄《には》かに「父を尊敬する念を生じた」のであつた。

「妄想」の主人公も花房と同じく、「遠い向うに或物を望んで」ゐる己れを甚《はなは》だ慊《あきた》らなく思つてゐる。彼は云ふ。

日の要求を義務として、それを果して行く。これは丁度現在の事實を蔑《ないがしろ》にする反對である。自分はどうしてさういふ境地に身を置くことが出來ないだらう。

日の要求に應じて能事畢《のうじをは》るとするには足ることを知らなくてはならない。足ることを知るといふことが、自分には出來ない。自分は永遠なる不平家である。

鷗外は「寒山拾得」に於て、世の中には道とか宗教とかに全く無頓著な人と、「專念に道を求める人」と、その中間に存在する「中間人物」とがあると書いてゐる。花房の翁は自づからにして「道を求める人」であり、「高瀬舟」の喜助はその「更に純粋なもの」である。そして彼等に「尊敬する念」を抱く花房も同心の庄兵衞も、云はば「中間人物」といふ言葉になる。但し、鷗外は「中間人物」といふ言葉を、「自分をば道に疎遠な人だと諦《あきら》め」、「自分のわからぬもの、會得《ゑとく》することの出來ぬもの」に「盲目の尊敬」を捧げる輩といふ專ら否定的な意味合ひで用ゐてゐるが、私はここではもつと肯定的な意味合ひで用ゐてゐる。花房も庄兵衞も、「寒山拾得」の「中間人物」閭丘胤《りようきういん》のやうに諷刺の對象として描かれてゐる譯ではないし、鷗外自身にしても、生涯「盲目の尊敬」とは無縁であつたが、「專念に道を求める人」には「及ぶべからざる處」があると痛切に自覺してゐたといふ意味では、紛れもない「中間人物」の一人であつたと云へよう。即ち鷗外は、「中間人物」の自覺と、「專念に道を求める人」を「尊敬する念」の眞摯とを、生涯懷き續けた古き日本人であつた。

「高瀬舟」に描かれてゐるのは「古き封建の世の約束の世界のかげに靜かに咲く人間本然の直情」だと、日夏耿之介は「鷗外文學」に書いたが、「古き封建の世の約束」に縛られた社會に於て、「人間本然の直情」が美しく咲いた過去は、確かに現實に存在した。江戸中期の日本人を活寫した國學者伴蒿蹊《ばんかうけい》の名著「近世畸人《きじん》傳」を繙《ひもと》いてみるがよい。身分や貧富や男女の別なく、「專念に道を求め」て生き死にする逝きし世の日本人のひたむきな姿に瞠目《だうもく》せざるを得ないであらう。さういふ「畸人」達への哀惜の念が、鷗外をして「高瀬舟物」を書かしめた所以《ゆゑん》でもあるが、彼はただ哀惜の念に浸《ひた》つてゐただけではなかつた。「自分は永遠なる不平家である」と「妄想」の主人公は自嘲して云ふが、晩年の鷗外の姿は、娘の小堀杏奴の目には次のやうに映つてゐたのである。

父はまた落著いて物を片付ける事が好きだつた。埃が積つた本を引出して、羽みたいなもので丹念に拂つてゐる時など、如何にも樂しさうにしてゐた。

「なんでもない事が樂しいやうでなくてはいけない」といふのが父の氣持だつた。（「晩年の父」）

（同上）

幸田露伴

慶應三～昭和二十二（一八六七～一九四七）

小説家、随筆家、考證家。江戸城内で雑事に携つた「御坊主」（幕臣）の家に生れる。取り立てていふ學歷はない。明治二十三年、「露團々《つゆだんだん》」で文壇に登場、「風流佛《ぶつ》」、「一口劍《こうけん》」等を經て、二十五年には傑作「五重塔」を發表し、三十年代には「讕言《らんげん》」、「長語」の名随筆集を刊行。三十八年に長篇「天うつ波」を中斷した頃より小説から遠ざかるが、明治後期から大正期にかけて、「潮待草《しほまちぐさ》」、「洗心錄」、「幽情《いうじやう》記」等の随筆集、中國歷史に取材した史傳小説「運命」、日本歷史に材を採つた「平將門」、「蒲生氏郷」等の史談を執筆。昭和十年代には「幻談」、「連環記」等によつて小説家としての最後の光芒《くわうばう》を放つと共に、二十年以上に及ぶ「芭蕉七部集」の評釋を最後の仕事として、八十歳をもつて沒した。

ひげ男

天正三年五月、武田信玄の世嗣《せいし》勝頼率《ひき》ゐる甲州軍が織田德川聯合軍に慘敗《ざんぱい》を喫した長篠《ながしの》の合戰の前夜、亡き信玄の信頼した山縣昌景《まさかげ》、馬場美濃守、内藤修理等の勇將達は味方の成算乏《とぼ》しきを知り負け戰《いくさ》必至と見て、出擊を思ひ止まる樣勝頼を諫めるが、勝氣に過ぎて退《ひ》く事を知らぬ勝頼は聞き入れず、有無《うむ》を云はせず出陣を命じる。

「此上《このうへ》はとて心を死に決せし」山縣等は明日《みやうにち》の戰場一帶を巡察し、清井田《きよいだ》河原に至つて休息、水《みづ》盃《さかづき》を酌《く》み交《か》はしつつ、「あら心地よや、胸すゞしや」とて死出《しで》の覺悟を語り合つてゐると、突如、「わあつとばかりに」泣く聲がする。誰かと見れば、「黒漆《うるし》の如き髭髯《ひげ》生《お》ひたる」笠井大六なる武士である。泣いた理由を問はれて彼は云ふ。僭《せん》越《ゑつ》ながら、「死をのみ望まるゝ」各々《おのおの》の御意見は「大六つやつや合點《がてん》まゐらず」、何故となれば、今、この時こそが弓矢取る身の「踏み堪《こた》へねばならぬ瀬《せ》」ではござらぬか、「生きてはもとより君のため、死して厲鬼《れいき》となつてまでも君の御爲《おんため》に狂はんこそ一旦男兒《をとこ》が主從の契《ちぎり》を爲せし上は本意《ほんい》なれ、さるを精忠無二《せいちゆうむに》の各位一圖《いちづ》に此世を捨て玉はんとは、是非なき義とは申しながら口惜《くちを》しくも思ひ限《き》り玉ひしよ」、「生きらるゝだけは生延びて御屋形のため世にあるべし」と思ひ返す御仁は、たゞの一人も御座《おは》さゞるや。

　諸將は默つて聽いてゐたが、馬場美濃守が大六の身を搔《か》き抱いてから語る。「嬉しくも武田の御家に和殿《わどの》の如きが猶ありしよ」、その言分も「誰か否《あらず》と申すべき」、さりながら、我等は「老いたり、死すべき時來《きた》れり」、「死するよりほか忠節の致し方既《はや》無き身となりたる我等が心の中《うち》推量あれ」、「我等は死して後我等を憐《あは》れと我が君の思《おぼ》さば非を改め玉はんかとの、果敢《はかな》無き頼みのみを胸にして死せんと決するに至りし悲しさよ」、さう云つて大六を見下ろす馬場の眼から「はらりと露の幾雫《いくしづく》」が大六の面に落ちた。

　翌日の合戰で、山縣馬場內藤を始め武田方の名だたる武將が數多く戰死するが、勝頼は辛うじて逃げ延びる。大六は織田方に紛《まぎれ》込み、信長の命を狙ひ、斬りつけるが、仕損じて捕へられる。家康は見所《みどころ》ある武士と見て、激怒する信長に乞《こ》うて大六の身柄《みがら》を預《あづか》り、德川に仕《つか》へよと誘ひをかけるが、大六はうべなはず、やがて勝頼が再び旗を擧げたと知るや、閉込められてゐた寺を脱出、「我が力量の及ぶ分《ぶん》の中《うち》に於て君の爲に盡《つく》さん」とて、勝頼の許《もと》に馳《は》せ參じるのであつた。

露伴二十九歳の作である。「忠節の致し方」を繞《めぐ》つて葛藤《かつとう》するのは武田方の武士に限らない。德川方にも「生かば生くべきを死しての忠孝、生きんに生き辛《づら》きを生きての忠孝、いづれか眞實《まこと》の大丈夫《をとこ》たらんと冀《こひねが》ふものの取るべき路」かを繞《めぐ》つて讓《ゆづ》らぬ武士達が登場するが、何れにせよ、彼等は「力量の及ぶ分の中に於て君の爲に盡」す事にこそ生甲斐を見出すのであり、死に損《そこな》ひ、生き損ひだけはすまいと必死になる彼等の姿は感動的である。露伴がやはり「眞實の大丈夫たらんと冀ふ」武士を描いた「奇男兒」について、「情熱家でなければ書けない」と谷崎潤一郎は評したが、「ひげ男」についても全く同じ事が云へる。

この作品は明治二十九年、日清戰役直後に發表され、國を擧げての大戰爭を經驗した許《ばか》りの國民に好評を博したといふ。固より當時は忠節も忠孝も未だ死語ではなかつたし、今と異り平和も自由も平等も自明の價値ではなかつた。さういふ自國の過去と絕緣して今の日本がある。露伴を讀むといふ事は、我々が如何に貴いものを擲《なげう》つて來たかを痛感する事でもある。

（露伴全集第五巻、岩波書店）

國木田獨歩

明治四～明治四十一（一八七一～一九〇八）

詩人、小說家。播州竜野藩士の父と銚子の旅館の手傳ひ女との間に生れる。明治二十年に上京し、翌年、東京專門學校（早大）英語普通科入學。その後、キリスト教に關心を持ち、洗禮を受け、ワーズワースを愛讀。日清戰爭に「國民新聞」の從軍記者として參加、「愛弟通信」を執筆して文名を揚げる。詩人として「獨歩吟」、小說家として處女作「源叔父」を皮切りに、「富岡先生」、「牛肉と馬鈴薯《いも》」、「酒中日記」等を次々に發表。また、文集「武藏野」、「獨歩集」、「運命」等を刊行するが、三十代半ばから健康を害し、三十七歳で夭折《えうせつ》する。

源叔父

明治中期、九州の佐伯の港に源叔父と呼ばれる渡守《わたしもり》がゐた。若い頃は俠氣《をとこぎ》と美聲《びせい》故に浦々に迄名を知られ、美聲に惹かれた美しい娘を妻に迎へ、一子幸助を儲《まう》けて幸せに暮してゐたが、幸助が七歳の時、妻は二度目の產が重くて死ぬ。源叔父は「笑ふこともまれに、櫓《ろ》こぐにも酒の勢ひならでは歌は」なくなる。妻の死は「彼が心を半ば碎《くだ》き去」つたのだが、その五年後、今度は幸助が海で溺死《できし》する。源叔父は「物言はず、歌はず、笑はずして年月を送」る樣になる。

處が、五十路《いそじ》の坂を越えた頃、彼は「紀州」と呼ばれる白癡《はくち》で乞食の少年を家に引取る。紀州は八歳の頃、乞食の母と佐伯に來て、母に捨てられ獨《ひと》り乞食暮しを續ける裡に、母の事をも忘れて了ひ、今は「恨みも喜びもせず、たゞ動き、たゞ歩み、たゞ食ふ」野良犬同然の毎日を送つてゐたが、或る雪の夜、襤褸《ぼろ》を纏《まと》つて慄へつつ彷徨《さまよ》ふ彼を源叔父は哀れみ、連れ歸《かへ》つて面倒を見てやる事にしたのである。

　そんな或日、渡船の客が源叔父に、何も乞食を引取らなくてもよからうにと云ふと、「紀州は親も兄弟も家も無き童《わらべ》なり、我は妻も子もなき翁《おきな》なり。我渠《かれ》の父とならば、渠我の子となりなん、共に幸ならずや」と源叔父は呟く。客が哀れんで、親子の情愛が二人の間に生ずれば樂しからうと云ふと、源叔父はいかにも嬉しげに「聲《こゑ》高らかに歌ひ」始める。海も山も源叔父自身も絶えて久しく聞かなかつた歌聲だつた。

　然るにその晩、源叔父が歸宅すると紀州がゐない。外を彷徨《さまよ》つてゐるのだ。漸《やうや》く探出して連れ戻り、飯を食はせて寢かせるが、翌朝、源叔父は高熱を發して床に伏す。「そなたの父はわれなり」と紀州に云ひながら、まどろんで、惡夢にうなされ、目覺めると、またしても紀州がゐない。源叔父は絶望の餘り縊《くび》れて死ぬ。その後、或る人が紀州に源叔父の縊死《いし》を告げると、紀州は「たゞ其人《そのひと》の顔を打《うち》まもりしのみ」だつたといふ。

　獨歩によれば、源叔父も紀州も彼が自ら「言葉を交はし其《その》身の上に就《つ》き深く同情を持ちしことある」實在の人物で、元來は無關係だつた二人を結附けて初めて作品が出來たといふ。獨歩は「忘れえぬ人々」なる作品に於て、「生の孤立を感じて堪へ難いほどの哀情《あいじやう》を催《もよほ》す」人生の種々相《しゆじゆさう》を描いたが、源叔父も紀州も詰りは獨歩の「忘れえぬ人々」なのだ。しかも源叔父の切ない思ひは紀州にはつひに届かず、「生の孤立」の感懷《かんくわい》はいやが上にも募《つの》らざるを得ない。

源叔父の妻の死後、佐伯の「港開けて車道でき人通り繁《しげ》く」なる。近代化の餘波《よは》である。だが、源叔父はそれを「うれしともはたかなしとも思ふ樣」を見せない。慰められぬ悲哀を抱へる源叔父にとつて、近代化の進展なんぞは餘所事《よそごと》でしかない。それに又、相手が白癡であらうがなからうが、昔も今も愛した相手が愛を返してくれるとは限らない。詰り獨歩は、時代の變遷《へんせん》に關《かか》はりなく、人が人たるが故に耐へねばならぬ悲哀を何時迄も忘れまいとした譯であり、それが獨歩の「文學のふるさと」（坂口安吾）だつたのである。

處で、この獨歩の小説家としての處女作を、「詩趣《ししゆ》ある」作品として森鷗外は逸早く評價したが、「源叔父」の「詩趣」は、文語文ならではの措辭《そじ》やリズムと切離しては考へられない。昭和二十三年、日夏耿之介は「鷗外と露伴」にかう書いた。「文語の小説形式を、さながらうち碎《くだ》かれた名鐘のごとく棄て去る國民は、その癡《ち》その愚世界に類《るい》なく、之《これ》を嗤《わら》ふは、卻《かへ》つて心あり學ある外國人のみである」。

（「武藏野」、新潮文庫）

樋口一葉

明治五～明治二十九（一八七二～一八九六）

小説家・歌人。本名奈津。東京内幸町に生れる。父は元八丁堀同心、後に東京府下級官吏。明治一九年、歌人中島歌子の萩の舎《や》塾に入門するが、その三年後、父が死没するに及び、母と妹と共に本郷菊坂に住む。二十四年、小説家半井《なからい》桃水に師事し、圖書館に通ひながら文學を學び、處女作「闇櫻《やみざくら》」を書く。翌々年、下谷竜泉町に居を移して駄菓子商を開く。商賣は失敗に終るが、竜泉町での暮しを大きな詩材として活潑な創作活動を展開。「にごりえ」、「十三夜」、「たけくらべ」等の名作を發表して名聲を恣《ほしいまま》にするが、肺結核により、數へ年二十五歳で死没。

わかれ道

傘屋の小僧吉三は二親《ふたおや》を知らずに生れ、角兵衛《かくべゑ》獅子《じし》の一座で獅子を冠《かぶ》つて歩いてゐたが、足が痛くて歩かれなくなり朋輩《ほうばい》に置去りにされた處を、傘屋の先代の女主《をんなあるじ》に拾はれ、職人として働いてゐる。年は十六、「一寸法師」と仇名される程小柄だつたが、「火の玉の樣な子」だと怖がられる亂《らん》暴《ばう》者でもあつた。それも實は二親を知らぬ心細さ、「慰むる人なき胸ぐるしさの餘《あま》り」で、優しくしてくれる人があれば「しがみ附いて、取りついて、離れがたき思ひ」だつたのである。

春の或日、吉三の長屋の裏にお京といふ器量好しの仕立屋が越して來る。近所への附合もよく、吉三にも優しくしてくれるので、やがて吉三は姉同然に慕ふ様になり、或時、こんな事をお京に云ふ。お前の様な人が本當の姉さんだつたらどんなに嬉しいか。「首つ玉へ囓《かじ》り付いて」、その儘《まま》往生してもいい。でも、俺が本當は乞食の子なら、もう「可愛がつてはくれないだらうか」。お京は云ふ。親が何であらうが「身一つ出世をしたらばよからう」、意氣地《いくぢ》無しをお云ひでない。

處が、その年の師走の夜、吉三が得意先からの歸り道でお京に遭ふと、お京は流行《はや》りの羽織を著て何時に無く好い身形《みなり》をしてゐる。吉三が不審に思つて問ひ質《ただ》すと、妾《めかけ》奉公の口が決つて明日引越しをすると云ふ。吉三が驚いて反對すると、お京は云ふ。妾になぞなりたくはないが、「私は洗ひ張に倦きが來て」、こんな「詰らないづくめ」の毎日だから、いつそ樂をしてやらうと思ふのさ。吉三は云ふ、お前ばかりは「妾に出るやうな腸《はらわた》の腐つたのではない」と信じてゐたのに、「姉さん同様に思つて居たが口惜《くちを》しい」、もうお前には會はないよ。「そんな愛想づかしは酷《ひど》からう」とてお京が吉三を後ろから羽交《はが》ひ絞めにする。そんなら妾になるのは止めにするかと吉三が振返る。それは出來ないとお京が云ふと、吉三は「涙の目に見つめて」云ふ、「お京さん、後生《ごしやう》だから此《こゝ》肩の手を放してお呉《く》んなさい」。

「しがみ附いて、取りついて、離れがたき思ひ」の吉三の、この最後の切ない臺詞《せりふ》は實に效果的である。幸田露伴は「たけくらべ」を評して、凡庸な作家ならば「千萬語を費して而も愈々《いよいよ》其《その》傳へんと欲するところのものと相遠ざかるの醜を演ずる」とは異り、「僅々《きんきん》の文字を以て」作中人物の心中の「消息を傳へしは感ずるに餘りあり」と激賞した。それは「わかれ道」についても云へる事で、他にも例へば、未だ春の時分に吉三がお京に、お前は元が「立派な人」だつたのだから「上等の運が馬車に乘つて」迎へに來るさ、でも「お妾に成ると言ふ謎では無いぜ」、惡く取らないでおくれと云ふと、お京は「馬車の代りに火の車でも來る」だらうさ、自分にも「隨分胸の燃える事があるからね」と云つて吉三の顔をじつと見詰めるのである。

見事な伏線であつて、元は「立派な人」といふのだから、お京は士族の出でもあつたのだらうが、一葉自身も誇り高い士族の娘だつたから、貧窮と辛勞《しんらう》の生活の中で「隨分胸の燃える」思ひをした。一葉の「文は血や汗や涙の化けた」ものだと露伴の云つた所以だが、さういふ一葉自身の生々しい胸奥《きようあう》の「消息を傳へ」るものとして、「一葉日記」をぜひ薦めたい。「人は神聖なるものを多く有してゐる丈《だけ》、弱點が多い。苦痛が多い。犬的な人に逢つては叶《かな》はない」と、森鷗外は「ヰタ・セクスアリス」に書いたが、「犬的」即ちシニシズムに決して陷らず、己が「神聖なるもの」と眞摯に向合ふ二十三四歳の娘の肺腑《はいふ》を絞る名文に讀者は瞠目せざるを得ないであらう。

（「大つごもり／十三夜他五篇」、岩波文庫）

この子

語り手の「私」は三年前、裁判官の男の妻となり、當座《たうざ》は夫婦仲も好かつたが、「馴れるといふは好い事の惡い事で、お互ひ我まゝの生地《きぢ》が出て」來るし、それに自分が「負けない氣」が強いものだから、つい「心安立《こころやすだ》てに旦那さまが外で遊ばす事にまで口を出し」、それに夫が答へてくれぬのを「隔《へだ》て心だと言つて恨み」、「一つを疑ひ出すと十も二十も疑はしく」なり、「明暮旦夕《あけくれたんせき》あれ又あんな嘘」をと猜疑《さいぎ》を強め、遂には「お互ひ心の分からないもの」に成り果てた。「絶頂に仲の惡かつた時は、二人ともに背《そむ》き背き」で、「物言はず睨め合ふやうに成りては、屋根あり、天井あり、壁のあると言ふばかり」、さうなると「現在の有さまが厭で厭で、何うかして此中《このなか》を逃れたい」といふ思ひ許りが募《つの》り、果ては嫁入りの世話をしてくれた實家迄「恨めしく」思へて來た。

一方、夫は「家のうちには不愉快で居たゝまれ」ず、「見事家を外にするといふ道樂ものに成つて」了つたが、それも「疳癪抑《かんしやくおさ》へ、憂《う》さ晴らし」で、酒を飲んでも「いつも蒼ざめた顏を遊ばして、何時も額際《ひたひきは》に青い筋が顯《あらは》れて」ゐたし、「物いふ聲《こゑ》がけんどんで荒らかで、假初《かりそめ》の事にも婢女《はしため》たちを叱り飛ばし」し、「柔和《にうわ》な相とては少しも無く」、しかも「私は憤怒《ふんぬ》の相で控へて居る」のだから召使は堪らない。長續きさせぬし、頻繁に物が無くなり毀《こは》れるので、「どうして私の身に近い者となると悉く不人情になるのであらうか」、「あゝ厭な事だと捨てばちに」ならざるを得なかつた。

昨年の暮、赤ん坊が産聲《うぶごゑ》を上げたが、自分はその頃「雲霧につゝまれぬいて居た」から、「今思ふと情けない」が、「あゝ何故丈夫で生れて呉《く》れたらう、お前さへ亡《なくな》つて呉れたなら私は肥立《ひだち》次第實家へ歸つて了」へるのに、「厭だ、厭だ」と許り思つてゐると、或日、赤ん坊が夫に對して「いかにも嬉しい顔」をして、「私に見せた通りの笑みを見せ」た。珍しく夫が笑つて冗談を云ふと、その笑顔が赤子に「爭はれないほど似」てゐた。その時を切掛に夫婦の心は溶け合ひ、自分の心の「雲霧」は晴れ、夫の「憤怒の相」も召使の「不奉公」も「私の心の反射だと悟」り、「我身の心をため直さうとしないで人ごとばかり恨めしく思」つてゐた己れの愚昧《ぐまい》を思ひ知るのであつた。

死去した年に物された、一葉唯一の口語體の作品である。久保田萬太郎が評した様に、口語體を「こなし切つてゐない」憾《うら》みがあるし、かく迄の夫婦の危機の克服の結末としてはちとあつけないが、それはさて措き、「我身の心をため直さうとしないで人ごとばかり恨めしく思」つてゐると、夫も實家も婢女も、詰り「我身の心」の外部にあるものは悉く恨めしくなり、果ては吾が腹を痛めた赤子に對してすら「お前さへ亡つて呉たなら」などと思ふ様な、「情けない」心の闇にも迷ひ込み兼ねぬのが人間である。姉妹作とも云はれるらず、それは男女を問はない。

（同上）

「十三夜」のお關は夫を「鬼」だと云ふが、「私」は己が心中に「鬼」を見たのだ。

　昭和十三年、日夏耿之介は「若き妻の爲の教養」と題する一文に於て、昨今婦人は「對人的對社會的に批評的」傾向を強めつつあるが、「批評」には「自分の長所と短所とを知り切つ」た上で他を批評するものと、「自分の場合の事は棚に上げて、他のものばかりを奧女中風に批評するものとの二種類」があつて、世上「いはゆる名流として通つてゐる」婦人に甚だ多いのが後者だが、「日本の昔の優れた女性」たる一葉は「奧女中風」の淺薄とは無縁であつた、「この子」を「讀めばそれが判然する」と書いた。平成の「いはゆる名流」も己が心中に「鬼」を見ぬ點ではちつとも變

泉鏡花

明治六～昭和十四（一八七三～一九三九）

小説家。本名鏡太郎。名人肌の彫金工を父として、寳生流の鼓《つづみ》の名手の江戸育ちの娘を母として、金澤に生れる。九歳で母を失ひ、大きな打撃を受ける。明治二十四年、尾崎紅葉の門に入り、三年間尾崎家に寄宿する。二十九年、「照葉狂言」、三十年、「高野聖」を發表して當時の小説界の第一人者となり、以後、「湯島詣《まうで》」、「婦《をんな》系圖」、「歌行燈《あんどん》」等、多く藝妓《げいぎ》の登場する世界を描く。自然主義文學が勃興すると、鏡花文學は全面的に否定されるが、愛好者の根強い支持を受け續け、夏目漱石、志賀直哉、谷崎潤一郎、芥川龍之介等に頗る高く評價された。

照葉狂言

明治十年代の北陸金澤、藝妓《げいぎ》屋の倅《せがれ》の少年貢《みつぐ》は母に死なれ孤兒となつて伯母と共に暮してゐたが、博打《ばくち》好きの伯母はさつぱり面倒を見てくれない。それでも、貢が「廣岡の姉上」と慕ふ隣家の娘が可愛がつてくれるのが慰めだつたが、或日、花札賭博《とばく》で伯母が捕まり、貢は寄邊《よるべ》を無くして了ふ。だが、結局、小親《こちか》といふ名の旅回りの美しい女能樂師に拾はれる。小親は見世物小屋で仙冠《せんくわん》者牛若《じやうしわか》の役を演じ、貢はその演技に陶醉して何度も觀に通つてゐたし、小親も可愛らしい貢を憎からず思つてゐたのである。

貢は故郷を離れ小親の狂言一座で養はれなが

ら藝を仕込まれ、一端《いっぱし》の座員となつて八年ぶりに金澤に戻つてみると、洪水が因で古里の様子は一變してゐた。廣岡の姉上も不幸な境遇に陥つてをり、貢は小親の助けを借りて救つてやりたいと思ふ一方、小親に犠牲を強ひる事になるのを恐れて思ひ悩む。だが、さういふ貢の苦悩よりも、寧ろ作品の眞の妙《めう》味《み》は、小親を通じて描かれる、作者鏡花の愛惜《あいせき》して已まない人間像の描寫にある。日夏耿之介の云ふ様に、鏡花は旅回りの女藝人なんぞといふ「遊里の遊女に、不良女子の成り行きを見ず」、「うつくしい人情の美所を觀取する」のであつて、彼の「たましひを打ち込ませるもの」は「泥中の花はちすのやうにすんなり育つた人間の姿」、その「たましひの形象」に他ならなかつたからである。

貢が小親の演技を觀に見世物小屋に通つてゐた頃の或日、士族の倅《せがれ》で亂暴者の國麿も觀に來てゐて、貢が小親に借りた縮緬《ちりめん》の座蒲團《ざぶとん》に坐つてゐるのに因緣《いんねん》をつけ、貴樣の家は「藝妓屋ぢやないか。藝妓も乞食も同一《おんなじ》だい。だから乞食の蒲團になんか坐るんだ」と罵《ののし》り、小親に對しても「年増《としま》の癖に、ふむ、赤ン坊に惚れやがつたい」と毒づくと、小親は凛《りん》として啖呵《たんか》を切る。「他のお客様にはどうであらうと、この坊ちやんだけにや飽かしたくない。退屈をさしたくない、（中略）打ち通すあひだ來ていただきたい、おもしろう見せてあげたいと、さう思つたがどうしました。ほんたうに藝人冥利《みやうり》、かういふ御贔屓《ひいき》を大事にするは當《あたり》前《まへ》でござんせんか」。

そして實際、小親が「一たび舞臺に立たむか」、その「輕き身の働《はたらき》、躍れば地に褄《つま》を着けず、舞の袖の飜《ひるがへ》るは、宙に羽衣《はごろも》懸ると見ゆ」といふやうな見事な舞姿だつたのである。だが、小親の藝の師匠の小六は「をさなきより、刻苦《こくく》して舞を修めし女」で、「江戸なる家元の達人と較べて何か劣るべき」名手だつたが、リューマチで身體が利かなくなると、哀れにも白い肌を曝《さら》して「觀世物《みせもの》の磔《はりつけ》」に懸かるべく賣られて行つた。今や小親もリューマチを患ひ始めてゐるし、借金も嵩《かさ》んでゐる。けれども、「樂しき境遇にはあらざれど、小親はいつも樂しげ」で、貢を心底可愛がり、廣岡の姉上の苦境を聞くと、己が身を賣つても貢の願ひを叶へてやらうとするのであつた。

「ロダンやトルストイのおせわにならないことを私はほんたうに喜んで居る」と鏡花は書いた事があるが、實際、鏡花の作品には西洋の感化は全くない。西洋への無知ゆゑに鏡花は蔑視される事もあつたといふが、彼は生《なま》なかの西洋學問なんぞに色目を遣はず、徳川の世の名殘りが色濃く漂ふ社會に蠢《うごめ》く日本人の「たましひの形象」を好んで描かうとした。そこには、松原正の云ふ「西洋人でも日本人でもない別種の人種」、「中途半端な化物」なんぞは存在しないし、何よりも、實に詩情豐かな文章がある。日本に生れながら鏡花を讀まないのは「折角の日本人たる特權を拋棄《はうき》してゐるやうなものだ」と中島敦は云つてゐる。

（「泉鏡花集成三」、ちくま文庫）

眞山青果

明治十一〜昭和二十三（一八七八〜一九四八）

小説家・劇作家・考證家。本名彬《あきら》。仙臺藩士の家に生れる。明治二十九年、二高（現東北大學）醫學部に入學するが、退學して職業を轉々とし、上京して、小説家小栗風葉の門下となる。四十年、「新潮」に發表した「南小泉村」が脚光を浴び、文壇の地位を確立するが、大正初期、原稿二重賣りなどが激しい非難を浴び、文壇を離れ、劇作の道に入つて、「玄朴と長英」、「平將門」、「江戸城總攻」、「元祿忠臣藏」等の傑作を發表し、近代日本を代表する劇作家となる。一方、西鶴學の權威でもあり、「隨筆滝澤馬琴」、「仙臺方言考」等、考證學者としての優れた業績も遺してゐる。

福澤諭吉

明治政府成立から間もない明治三年秋、攘夷の風潮は尚も根強く、「洋學先生」の遭難が相次ぎ、前年には横井小楠《せうなん》大村益次郎が暗殺され、福澤諭吉も襲擊の危險を絕えず身邊《しんぺん》に感じてゐた。舞臺は大阪の中津藩藏屋敷。福澤は鄕里中津から東上の途次《とじ》滯在してゐたのだが、そこにも熱烈な「攘夷青年」達がゐた。その一人で、水戸學崇拜者の朝吹鐵之助《てつのすけ》は心中密かに福澤暗殺の機會を狙つてゐて、或時、やはり福澤を狙ふ國學者の增田榮太郎に云ふ。「憎いのはあの議論だなア。あいつが日本封建の思想を嘲《あざけ》り、武士道を輕侮《けいぶ》し、君臣の大義を經濟力にて論じ、主從の情誼《じやうぎ》を、與《あた》ふると受けるとの財力關係にて論じ、あれも舊弊《きうへい》、これも時代おくれと……あの鋭い毒舌をもつて論じ詰められると、おれは、クラクラッと、頭に血が逆流して、全く一尺さきが見えなくなるほど腹が立つんだ」。

　さういふ朝吹だから、當時の「流行物《はやりもの》」の牛鍋なんぞは忌み嫌ひ、福澤に牛肉を食ふやう勸められても、お伊勢參りもまだなのに「四足《しそく》の穢《けが》れを身に受けるに忍びない」などと眞顏《まがほ》で答へる。すると福澤は、文明開化の「流行物」に易々《やすやす》と流される日本人の輕佻浮薄の種々相を揶揄《やゆ》しつつ、かう語る。

　次には、人に誇りたいために牛肉を食ふやつがある。ビールを飲み、ビフテキを食ひ、頸《くび》にハンカチを巻いて、ステッキをついて歩けば、それで自分の人間が完成されたと考へる奴がある。舊《きう》習慣を捨てることに何等の苦勞なく、すぐもう牛肉を食へば文明人だと心得てゐる淺薄なるやつがゐる。實に、こいつに困りますよ。はゝはゝゝ。處が、わしの塾にも、段々それが殖えるのです。舊《ふる》い國家のために、時々心が……寒くなります。舊い文明を持たぬ處に、決して新しい文明は發育しません。捨てるべく苦しむ舊い文明を持つてゐるといふことが、わが日本人の向上一路《かうじやういちろ》です。

「向上一路」とは「最上至極の一大事」（小學館國語大辭典）といふ事だが、福澤は續けて、「煩悶なくして牛肉を食ふやつに、私は、將來の日本國を托《たく》し得ないとさへ考へてゐる」と云ふのだが、青果の描く福澤は、福澤諭吉といふ人物の本質をよく傳へてゐると思ふ。「門閥制度は親の仇でござる」と云つた福澤は、同時に、「痩我慢」の大事を說いて、「舊習慣」に從ふ生き方の見事を讃へる男でもあつた。この作品でも、朝吹も增田も福澤の孝心の美しさに打たれて暗殺を斷念する。それは詰り、嘗《かつ》ての日本人は洋學先生も攘夷青年も共に鷗外の云ふ「尊きもの」、卽ち「捨てるべく苦しむ舊い文明を持つて」ゐたといふ事に他ならない。

二〇一三年のイスラム武裝勢力によるアルジェリア人質事件の際、キャメロン英國首相は「對テロ戰には何十年も掛るだらう」と語つた。二〇〇一年の同時多發テロの際にも、やはり英國の著名な歷史家マイケル・ハワードは「長期戰か」なる一文を書き、近代文明の基盤たる啓蒙思想が傳統的社會に齎した衝擊は、「確乎たるものの全てが雲散霧消《うんさんむせう》し、神聖なるものの全てが冒《ぼう》瀆《とく》されてゐる」といふマルクスの言葉に巧みに表現されてゐて、さういふ傳統的價値の蹂躙《じうりん》への激しい憎惡は、その儘現代のイスラム過激派の行動の大きな原因をも成してをり、近代文明の諸價値を保ち守らうとするならば、對テロ戰は米國のみの戰爭ではなく「吾々全ての戰爭」だとの覺悟を固めねばならぬと論じた。今の吾國には福澤も朝吹もゐないが、米國の「同盟國」らしい日本は何を保ち守らうとしてゐるのであらうか。

（眞山青果全集第八巻、講談社）

永井荷風

明治十二～昭和二十四（一八七九～一九五九）

小説家・随筆家。本名壮吉。東京小石川の、上流の名家に生れる。中學時代から芝居寄席遊里に出入りする一方、文學への關心も深め、明治三十一年、小説家廣津柳浪の門に入る。三十六年、父の命により「實用の學」を修めるべくアメリカに遊學、四十年、フランスに渡り、翌年歸國し、「あめりか物語」、「ふらんす物語」で文名を高め、「狐」、「深川の唄」、「新歸朝者日記」、「すみだ川」、「冷笑」等を發表。その後、森鷗外の推輓《すいばん》で慶大文學部教授となり、雜誌「三田文學」を主宰。四十四年、大逆事件を機に江戸戲作者の跡を辿る決意を固め、「新橋夜話」、「日和《ひより》下駄」、「腕くらべ」等を執筆。昭和に入つて、「つゆのあとさき」、「濹東綺譚《ぼくとうきたん》」等を發表するが、戰後は日記「斷腸亭日乘」が最大の作品。

冷笑

明治末葉の東京に、揃《そろ》つて「今の世の中には向かなさうな人物」が五人ゐた。銀行頭取の小山清は、「思想が緻密で觀察が鋭敏」な理想家で、卑俗な現實に失望して「冷淡皮肉に人生を見て居る」趣味人だし、狂言作者の中谷丁藏は、「性格も嗜好《しかう》も其の理想も悉く江戸の洒落本《しやれぼん》に現れたる色男」で、「舊日本の生きたる形見」として「現代の新思潮に侵されざる勇者」だし、商船事務長の徳井勝之助は、實業家の父親の「壓伏《あつぷく》的」で「東洋の豪傑的粗放《そはう》」な態度に反撥して、親の家を遠く離れ遠洋を彷徨《さまよ》ふ「淋しい厭世《えんせい》家」だし、南宗畫家の桑嶋青華は、「凡て風流韻事《ゐんじ》は自ら味はつて自ら娯《たの》しむ處に其の眞意がある」と信じる「貴族的孤立主義の樂天家」だし、小説家の吉野紅雨は、ヨーロッパを見て「過激なる西洋藝術の崇拜者」となつて歸國して以來、日本の「新しい時代の新しい凡《すべ》てのもの」が「西洋を模《も》して西洋に及ばざるものばかり」なのに絶望し、「舊い時代の遺物」に「捨てがたい懷かしさ」を感じる「現代に失望した夢想家」である。

　これら五人はいづれも作者荷風の分身であり、作品は、まづ小山が江戸の滑稽本「花暦八笑人《はなごよみはつせうじん》」の趣向を借りて、時代と歩調の合はぬ仲間を集め世相を笑つて樂しまうといふ考へを起したのが發《ほつ》端《たん》をなし、それに同調する仲間達が取り交す會話や手紙によつて全篇が構成されてゐるのだが、福田恆存が書いてゐるやうに、「明治の作家のうち荷風ほどヨーロッパと日本との間隙《かんげき》を直視し、意識的にそこに喰ひいつていつたものは他になかつた」と云つてよく、「彼ほどヨーロッパの本質を見拔いてゐたものはなかつたし、また彼ほど日本人の限界を知つてゐたものはなかつた」のであつて、「冷笑」は、さういふ彼我の「間隙を直視」する卓拔《たくばつ》なる文明批評家永井荷風の面目躍如《やくじょ》たる作品である。就中《なかんづく》、興味深いのは、荷風が吉野紅雨をして語らしめる、近代日本の苦境の本質である。即ち、西洋化に邁進《まいしん》せざるを得なかつた近代日本の宿命は、最も本質的な意味に於て、吾々日本人に如何なる苦境を强ひたのか。

　或時、吉野は西洋化の可否《かひ》を繞《めぐ》つて小山と語り合ふ裡に、日本が「西洋化するならするで可《よ》いが、日本人は他日《たじつ》過去を顧みて後悔する様な事はないだらうか」、その點、自分は「解決のできない疑問に苦しめられ」ると云ふ。日本の風土や氣候の力を強く感じ取るやうになるにつれて、富士の景觀の如き「敷島《しきしま》の山水」には「間《ま》の伸びた三十一《みそひと》文字の感想の如何に調和するものか」、模倣の現代を罵《ののし》る己が心の「奥底にどれだけ深く傳説の力の根ざして」ゐるか、つくづく痛感したからだといふのである。小山が、「西洋崇拜者」の君が「大和心の敷島の道に戻らうと云ふ」のかと揶揄《やゆ》すると、吉野は答へる。「戻る事ができたら無上の幸福でせう。今の時代を深く感じてそして吾々は靜《しづか》に自分の足元を眺めてみたら、何も文學者ばかりではあるまい。誰だつて舵の無い船に乘つてゐるやうな不安に打たれなければなるまい。祖先の殘した傳説一方に賴るには餘りに其の力の弱きを氣《き》遣《づか》ふし、と云つて盲目滅法《めくらめつぽふ》に馳出すのも此れ又餘りに輕々しくはなからうか。舵のない漂ふ船、これが吾々の生きつつある現代といふものでせう」。

「冷笑」が書かれた明治の昔も平成の今も、日本は「舵のない漂ふ船」だが、明治と異り、それゆゑの「不安」、「解決のできない疑問に苦し」む日本人は、今は文學者にだつてゐるかどうか怪しからう。それは詰り、日本といふ「舵の無い船」が、漂流どころか、精神的には既に沈沒し去つてゐる事の證《あか》しではあるまいか。

（「荷風小説三」、岩波書店）

散柳窓夕榮《ちるやなぎまどのゆふばえ》

江戸後期、老中水野忠邦《ただくに》が「天下奢侈《しやし》の惡弊を矯正すべ」く天保改革を推進し始めた頃、柳亭種彦《りうていたねひこ》は戲作者として名聲の絕頂にあつたが、代表作「僞紫《にせむらさき》田舍源氏」が「光源氏の昔に譬《たと》へて畏《おそれ》多《おほ》くも大御所樣大奧の祕事を漏したにより必ず嚴しい御咎《おとがめ》になるであらうとの噂が頗る喧《やかま》しい」のに恐れ戰《をのの》き、公職にある「知人を賴り內々事情を訊《し》くに如くはない」とて遠山左衞門尉《さゑもんのじよう》の屋敷を訪ねた。嘗《かつ》ての旗本の遊蕩兒《いうたうじ》遠山金四郎は今や勘定奉行として江戸城へ出仕する身分になつてゐたが、やはり旗本の倅《せがれ》の種彦とは「かねて芝居街なぞでは殊の外懇意にした」仲であつた。

然るに、遠山は昔に變らず種彦を迎へつつも、異國の黑船が蝦夷近邊《えぞきんぺん》を脅《おびや》かし世が積年の餘弊《よへい》に苦悶してゐる今、「公祿《こうろく》を食《は》むもの及ばずながら(中略)一廉《いつかど》の忠義を盡《つく》さねばなるまいと、衷心《ちゆうしん》から湧起《わきおこ》る武士の赤誠《せきせい》を仄見《ほのみ》せて語つた」。種彦はそれを見て、當世の旗本にも未だ「あんな立派な考へを持つて居るものがある」のかと思ふと、「戲作者となりすました現在の身の上がいかにも不安に又何とも知れず氣恥しいやうな氣がしてなら」ず、遠山邸を辭して後も動搖が治まらない。彼は思ふ、幼少の頃耳に胼胝《たこ》の出る程聞かされた「武士の道」への思ひが「今どうして突然意外にも不思議にも心を騷がし始めた」のか、遠山の武家屋敷の「森嚴《しんげん》な氣を漲《みなぎ》らした玄關先から座敷の有様」が「ふと少年時代の良心の残骸《ざんがい》を呼覺《よびさま》した」のか。が、彼は又かうも思ふ、「春の日のやうな文化文政の泰平」の世たる「自分を育てた時代の空氣は餘りに軟《やはらか》く餘りに他愛《たあい》がなさ過ぎた」のだから、「此の身は今更に何としやうもない」、天下の事はお歴々《れきれき》に任せ吾等風情《ふぜい》は「太平の世の喜び」を樂しんでをればそれでよい。

種彦はさう心に云ひ聞かせて「恐怖と煩悶」を振拂《ふりはら》ひ執筆に打込まうとするが、「禁令の打擊に身も心も恐れちぢんだ」心は容易に恢復しない。やがて蠻社《ばんしや》の獄の蘭學者彈壓《だんあつ》で惡名を馳《は》せた鳥居耀藏が町奉行になり、「俄《にはか》に手嚴しい御詮議が始ま」る。御咎めを怖れ種彦が「落人同樣風の音にも耳を欹《そばだ》て」てゐると、或晩、一人の侍が訪れ書狀を渡して立去る。「家の內は俄に物氣立《ものげだ》」ち「物音が夜の更《ふ》け渡るまでも止まなかつた」が、翌朝、種彦は卒中で頓死《とんし》した。書狀は奉行所からのもので、「御白洲《おしらす》へ罷出《まかりいで》よとの御達《おたつし》」であつた。

この作品發表の前々年、明治四十四年、幸德秋水が處刑された大逆事件があつて、荷風はその際抗議の聲を擧げ得なかつた己れに忸怩《ぢくぢ》たる思ひを禁じ得ず、種彦に託して己が「蒼白い怯懦《けふだ》」（日夏耿之介）を頗る正直に描いた譯だが、大逆事件の翌年には明治天皇が崩御《ほうぎよ》して、乃木大將が殉死した。その直後、荷風の崇拜した先輩森鷗外が「興津彌五右衞門の遺書」を一氣呵成《いつきかせい》に書上げて、殉死を遂げた武士の士魂の見事を稱へた事は有名だが、遠山を眩《まぶ》しく思ふ種彦の姿は、乃木の

た。

(「荷風小説四」、岩波書店)

「武士の道」を眩しく思ふ荷風なりの表現でもあつたらう。だが、平成の今、「武士の道」なんぞは遙か大昔の話だし、世にのさばる戯作者ならぬ藝人達に江戸戯作者の謙虚は薬にしたくもありはしない。それに何より荷風の様な正直な作家はもうゐない。松原正が書いてゐる、荷風は度《ど》外《はづ》れに好色で吝嗇《りんしよく》であると同時に頗る正直で頭脳明晰だつたが、さういふ「振幅の激しさ」をこそ平成の我々は「見習はなければならない。人間は矛楯の塊《かたまり》である。怖《お》めず臆《おく》せず綺麗事を云ふのは頭の惡い片端《かたは》である。人間の屑《くづ》である」。荷風の「振幅の激しさ」はこの作品からも十分に窺《うかが》へよう。尚、松原のこの文は刊行されたばかりの松原正全集第三巻「戰爭は無くならない」第三部から引い

中勘助

明治十八～昭和四十（一八八五～一九六五）

小説家・詩人。東京神田に生れる。一高・東大で夏目漱石の教へを受ける。父の死と兄の發狂で家庭崩壞の危機に瀕し、嫂《あによめ》を助けるべく創作の筆を執る。大正二年、處女作「銀の匙《さじ》」が漱石の推薦で東京朝日新聞に連載される。續いて人間の罪性と穢れとを剔抉《てきけつ》する「提婆達多《デーバダッタ》」、「犬」を發表。その後は隨筆「しづかな流」、「街路樹」や、短篇集「鳥の物語」等を執筆すると共に、詩作に耽る。終始文壇と沒交渉の孤高の生涯を送つた。

提婆達多《デーバダッタ》

佛陀《ぶつだ》出現の頃の話である。或時、佛陀を生んだ釋迦《しやか》族の各支族の王子達を集めて劍術の試合が催された。勝者には支族の王姫耶輸陀羅《ヤショードハラー》が妻として與へられるのであつた。王子の一人提婆達多は眉目秀麗《びもくしうれい》にして宮女達の寵兒《ちようじ》であり、只管《ひたすら》「女の渇愛《かつあい》の的」となり「女に貪《むさぼ》り飽《あ》く」事を以て第一の望みとしてゐたが、雄々しい肉體の持主でもあつたから、滿々たる自信を以て勝ち進み、決勝戰で、後に佛陀となる王子悉達多《シッドハールド》とまみえた。陰氣臭く瞑想好きで、武藝や風采を念とせぬ悉達多なんぞ齒牙《しが》にもかけてゐなかつたが、慢心が隙《すき》を作つて不覺を取る。「いはば名もない雜兵《ざふひやう》に首をかかれたこの屈辱」に彼の胸は煮えくり返る。しかもまんまと女まで浚《さら》はれるとは。彼は憤怒と嫉妬と復讐心に燃え、短劍の刃に毒を塗りさへした。だが、己が屈辱をはらす最も相應《ふさは》しい報復手段は幸せな相手から女を奪ひ取り敗北感を味はははせてやる事だと心に決し、親友を裝《よそほ》つて悉達多に接近し、王姫の心身を我物とする機會を狙ふ。

一方、結婚後、悉達多は以前の憂鬱と思索の生活に戻り、それを傍觀するしかない妻の耶輸陀羅は寂しさを禁じ得ない。子供が出來ても悉達多の態度は變らず、或日、彼は「美しき眞理の果《み》を見出すべく」父母も妻子も地位をも棄てて出奔《しゆつぽん》する。堤婆達多はこれ幸ひと、取り殘された女の寂《せき》寥《れう》と絶望に巧みに付込《つけこ》み、遂にその心を捉へ「身心を貪り弄《もてあそ》」ぶ。然るに、やがて女の「誠實」な「美しい心」を知ると、「何人の誠實をも信じない故に己もまた不誠實であつた」彼は驚き、己が行動と動機への「痛烈な悔恨に惱」み、女の愛に誠實に應《こた》へようとするに至る。悉達多の名はいつしか二人の間で禁句となる。

七年後、悉達多は大覺《だいかく》を得て佛陀となり、名聲を轟《とどろ》かし、父王に招かれ故郷に戻る。耶輸陀羅は苦悶の裡に自刃《じじん》する。堤婆達多は「眞實の心を捧げ得」た女への熱い涙を流す一方、最愛の女を奪つたとて悉達多への復讐心を燃やし、復讐の機會を見出さんが爲佛弟子《ぶつでし》となつて悉達多に接近し、長年の修行に耐へ、三十幾年後、教團の有力な指導者となるが、醜惡な人間性を罵る「憎惡の咆《はう》哮《かう》」たる彼の激越な說教は實は己が醜惡への罵倒でもあつた。佛陀の「澄明《ちようめい》平穩な精神生活」に比べ、「夢寐《むび》にも復讐を忘れ」られぬ「生きながらの地獄」の生活に、內心、彼は七轉八倒《しちてんばつたう》してゐた。だが、悉達多に「勝利者の日を樂しませはせぬ」と最後迄念じ續け、剃刀《かみそり》を法衣の下に隱して老いたる病身を悉達多の許に引き摺つて行く途中、息絕えるのである。

　中勘助の名作「銀の匙《さじ》」は、和辻哲郎が評した樣に、「子供の體驗した子供の世界」の「不思議なほどあざやか」な表現たり得てゐるのもさる事ながら、そこに描かれる著者の「伯母さん」の無償の愛、「佛心《ぶつしん》」の類稀《たぐひまれ》なる美しさは實に感動的である。然るに、中は「提婆達多」に於ては我執《がしふ》と肉欲の醜惡な奴隸を描いた。だが、互ひに甚だ對蹠《たいせき》的な印象を與へる「島守」と「犬」が「兩者全く同じ精神でかかれたもの」だと彼自ら述べてゐる通り、「銀の匙」と「提婆達多」も「全く同じ精神」の所產である。理想追求の念が眞摯なものであればある程、己が現實を裁く眼差《まなざし》は假借《かしやく》無きものとなる。「大地の底にかくれて人の眼は逃れても、どうして己が心の眼から逃れることができようか」と、中は提婆達多の「野獸的なうぶな正直」故の「心の呵責《かしやく》」について記してゐるが、「うぶな正直」こそは中勘助の著しい特色であつて、例へば「夏目先生と私」にもさういふ彼ならではの獨特の漱石像が描かれてゐる。

（「提婆達多」、岩波文庫）

芥川龍之介

明治二五〜昭和二（一八九二〜一九二七）

小說家。東京・京橋に生れる。實母が生後九箇月頃から發狂したため、その實家芥川家に養はれ、後にその養子となる。東大英文科在學中に創作を始め、大正五年に發表した「鼻」が師の夏目漱石に激賞される。その後、「芋《いも》粥《がゆ》」、「羅《ら》生門《しようもん》」等によつて新進作家隨一の地位を固める。初期の作品の大半は歷史物で、「今昔物語」に基いた王朝物、「奉教人の死」等のキリシタン物、江戸時代に材を採つた「或る日の大石内藏助」、「戲作三昧《ざんまい》」等、頗る多岐《たき》に亙る。大正十四年頃から健康が優れず、昭和に入つて、「玄鶴山房」、「河童」等を次々に發表するが、昭和二年、「ぼんやりした不安」を感じ、田端の自宅で睡眠藥自殺を遂げる。遺稿として「西方の人」、「齒車」、「或阿呆の一生」があつた。

玄鶴山房

小ぢんまりとして奥床しい門構への家、「玄鶴山房」の主人堀越玄鶴は本業は畫家《がか》だが、實はゴム印の特許を得て儲けた金で地所を賣買し多少の財を成した男だつた。元氣な頃は花札や酒に溺れ、五六年前にお芳といふ女中を妾《めかけ》にして文太郎といふ子を拵《こしら》へ、省線電車の乗換へも苦にせず一週間に一二度づつは必ず妾宅《せふたく》に通つてゐたが、今年の冬、肺結核が重《おも》つて妾宅通ひも止め、今は屋敷の離れで臭い息を發して死の床に臥《ふ》してゐた。妻のお鳥は七八年前から「腰抜け」になり、便所へも通へない體《からだ》だつた。家には娘のお鈴と婿の重吉夫婦、その一人息子の武夫が同居してをり、他に女中と看護婦の甲野がゐた。

或日、お芳が文太郎を連れて看護の手傳ひにやつて來る。玄鶴は瀕死の身ながら猶もお芳に未練があつて、お芳が來たと知つて「妙に切迫した」聲《こゑ》を發する。が、お芳が泊り込む様になると、「一家の空氣は目に見えて險惡《けんあく》」になつた。武雄と文太郎が喧嘩をすると、それが親達を巻込んで、お鈴とお芳とが感情的な遣取りをする。また、お芳はそれと知らずに何時の間にか「腰抜け」のお鳥の「嫉妬を煽《あふ》」り、お鳥は無關係な重吉に何かと當《あた》り勝ちとなつて、お鈴は「それを氣の毒に思ひ、時々母の代りに詫び」ざるを得なかつた。

看護婦の甲野は「冷やかにこのありふれた家庭悲劇を眺めてゐた」。彼女の「過去は暗いもの」で、「病家の主人だの病院の醫者だのとの關係上」、何度青酸加里《せいさんかり》を嚥《の》まうとしたか知れず、さういふ過去はいつしか彼女の心に「他人の苦痛を享樂《きやうらく》する病的な興味を植ゑつけ」たのだ。それ故、一家の中で悶着《もんちやく》が起ると、表向き仲裁者の役を演じながら、心の底では冷笑を浮かべつつ、寧ろ一家の平穩が脅かされる有様に愉快を覺え、重吉が「彼女に男らしい好奇心を持ち出した」のを見て、「一匹の雄《をす》」として蔑む一方、これ又愉快を覺えたりした。

やがてお芳が田舎に戻り、玄鶴は益々衰弱する。彼は「お芳の去つた後は恐しい孤獨を感じた上、長い彼の一生と向ひ合はない訣には行かなかつた」。「淺ましい」己が來《こ》し方が遣切《やりき》れず、「お目出度くなつてしまひさへすれば」と冀《こひねが》ひ、家人の目を盗み褌《ふんどし》で首を括《くく》つて死なうとするが、武夫に見つかり挫折する。彼はたつた「一つの慰め」も自力で得られず、一週間後、病狀が惡化して絶命する。

何とも救ひの無い話だが、「玄鶴山房」を書いて半年後、芥川は自殺する。宇野浩二はこの作品に於ける「もつとも氣味の惡い場面の一つ」として、夜間、甲野が玄鶴の枕元で夜伽《よとぎ》をする場面を擧げてゐる。甲野は赤々と火の熾《おこ》つた火鉢を抱へ、「薄ら寒い靜かさの中にぢつと玄鶴を見守つたまま、いろいろのことを考へて」ゐる。玄鶴は時々は目を醒すが、用事以外は殆ど口を利かない。宇野の云ふ樣に、玄鶴の孤獨は「恐ろしいやうな孤獨」だが、甲野の孤獨も「底の知れないやうな孤獨」である。そして芥川も又、彼らと同じく、「孤獨地獄」といふ「この世の地獄」に陷つてゐた樣な氣がすると宇野は云ふ。

さういふ「この世の地獄」、芥川を生涯苦しめた「人の上に落ちてくる生存苦《せいぞんく》の寂莫《じやくまく》」を、人はどうやつたら癒《いや》せるのか。パスカルは「パンセ」に於て云ふ、「氣を紛《まぎ》らす事――人間は死と不幸と無知とを癒《いや》せなかつたので、幸福になる爲それらについて考へない事にした」。だが、彼は又かうも云ふ、「人間は明らかに考へる爲に作られてをり、それが人間の全ての尊嚴、全ての價値である」。「氣を紛らす事」の一切を剝奪された玄鶴の悲惨について篤《とく》と「考へる」のも、紛れも無く、人の人たる所以に他ならない。

（「河童・玄鶴山房」、角川文庫）

火野葦平

明治四十〜昭和三十五（一九〇七〜一九六〇）

小説家。本名玉井勝則。福岡縣若松市に生れる。大正十五年、早大英文科に入學して小説や飜譯を發表。昭和四年、沖仲仕の家業玉井組の跡目を繼いで「文學廢業」を宣言するが、五年後、火野葦平のペンネームで創作を再開し、「糞尿譚《ふんねう》」により、日華事變で中支派遣軍に應召中に芥川賞を受ける。その後、徐州作戰に從軍し、その經驗を「麥と兵隊」、「土と兵隊」、「花と兵隊」に描いて人氣作家となる。大東亞戰爭勃發と共に報道班員として各地に從軍、戰時中に「陸軍」を發表するが、敗戰を機にペンを折る。戰後は二十五年の追放解除後、「花と龍」等、旺盛な創作力を示すが、三十四年の「革命前後」が絶作となり、翌年、睡眠藥自殺を遂げる。

陸軍

　幕末の小倉城下に商家を營む高木友之丞といふ變物《へんぶつ》がゐた。維新の騒動の折、長州に行つて奇兵隊に參加し、山縣有朋や乃木希典ら陸軍草創期の傑物《けつぶつ》と知合ふ。友之丞は乃木が小倉聯隊長の時、官舍を訪ねて赤瓢簞《へうたん》に入つた酒を御馳走になり、感激して赤瓢簞を貰ひ受け高木家代々の家寶《かほう》とする。彼の長男友彦は陸軍士官として日露戰爭に從軍し、退役して商賣を始めるが、父の遺した「大日本史」を熟讀して「君に忠義」の精神に感奮《かんぷん》し、「軍人ハ忠節ヲ盡スヲ本分トスヘシ」云々の「軍人敕諭《ちよくゆ》」を尊崇《そんすう》して子弟を嚴しく仕附ける。友彦の長男伸太郎は入營《にふえい》して一兵士として兵役《へいえき》に就き、兵隊としても人間としても成長する。大東亞戰爭では中國からフィリピン迄赤瓢簞を携へて轉《てん》戰《せん》し、命懸けの任務を果す途中で重傷を負ひ、海に沈みかけた處を海面に浮かんだ腰の赤瓢簞の御蔭で命拾ひをするが、やがて收容された野戰病院で死亡する。

　以上、幕末から日清日露を經て大東亞戰爭に至る迄の、陸軍と強い絆で結ばれた高木家三代の男達の、個我を超える「尊いもの」を信じて直向《ひたむ》きに生きる姿を、作者の火野は陸軍の底邊《ていへん》に生きる庶民の日常から目を離す事なく、即ち「小さな場所に足を置くことを常に心がけて」（「後書」）描いたのだが、元來、「陸軍」は、日本の敗色が漂ひ始めた昭和十八年五月から一年間朝日新聞に連載されたもので、昭和二十年八月二十日に單行本として刊行される筈だつた。無論、刊行は見送られ、上下二卷の中公文庫版として世に出て話題を呼んだのは平成十二年八月であつた。

時流に阿《おもね》つて都合の惡い過去を都合良く忘れたがるマスコミの輕佻《けいてう》浮薄《ふはく》は昔も今も變らぬが、「陸軍」には今の日本人が忘れて了つた過去の日本人の姿が活寫《かつしや》されてをり、取分け火野が實母について云つた「傳承を自分の肉體として生きてきた庶民」(「父母の言葉」)の姿は頗る印象的であつて、それを誰よりも體現するのが友彦の妻ワカである。彼女は無學で迷信家の田舍者だつたが、「男の子は天子さまからのあづかりもの」とか、「東の方に足を向けて寢てはいけない」とかと子供達に說き聞かせる時は、「なんのわざとらしさもな」く、「身體のなかに溜《たま》つてゐるものが、ふつとひとりでに洩れるやうな工合に」語るのであつた。友彦はさういふ妻を見て、「大義を鹿爪《しかつめ》らしく說く自分が(中略)いかにも見すぼらしく思へ」て、「ああ、自分は家內に及ばない」と思ふ。ワカは息子達が軍服を着る年頃になると、「天子さまにお返しすることができた」と、「惜しげもないやうに、顏色を變へ」ずに云ひ云ひしたが、息子達の死を知ると、「氣絕せんばかりに悲しんで、泣き」、暫くは「たれの慰めの言葉も耳に入らなかつた」のである。

上は乃木大將から下はワカの樣な無學な庶民に至る迄、「傳承を自分の肉體として生き」る日本人がさして遠くない過去に確實に存在してゐたのであり、さういふ日本人の姿を描く事によつて、

「陸軍そのものを書くよりも、その中に顯現《けんげん》された精神のありどころを確かめる」事に専念したといふ火野の「後書」の言葉に嘘はない。「陸軍」ばかりではない。火野の有名な従軍記「麥と兵隊」「土と兵隊」「花と兵隊」の所謂「兵隊三部作」を讀めば、戰爭を闇雲《やみくも》に否定するばかりの今の大方の日本人とは全く異る日本人の姿に我々は出遭ふ事になる。例へば「花と兵隊」に出る或る陸軍伍長は前線にあつて、「戰爭の中に人間としての生き方を求めることが大切」だと熱つぽく語る。彼は殺し殺される戰場にあつて己が人間的道德的成長を眞劍に求めたのだ。大日本帝國臣民と日本國市民とは何故かくも違ふのか。

（「陸軍」、中公文庫）

中島敦

明治四十二～昭和十七（一九〇九～一九四二）

小説家。東京四谷に生れる。漢學者・中國學者の一族の中で人となる。宿痾《しゆくあ》の喘息に生涯苦しむ。昭和八年、東大國文科を出て横濱高女で教鞭を取り、十六年に辭する迄の間に作品の殆どを書く。カフカ、ロレンス、ハックスリー、列子、莊子、韓非子等に傾倒。「狼疾《らうしつ》記」、「かめれおん日記」、「山月記」、「光と風と夢」等を執筆するが、作品の多くは死後に發表された。十六年、パラオ南洋廳國語教科書編輯書記として赴任し、翌年、南洋廳を辭して作家生活に入ろうとするが、英才を惜しまれつつ、數へ年三十四歳で夭折する。

李《り》陵《りよう》

漢の武帝の時代、漢帝國は騎馬民族匈奴《きようど》の侵入に悩まされた。天漢二年、武帝は李陵に輜重《しちよう》隊を率《ひき》ゐて匈奴攻撃に加はる様命じる。名將の孫であり、騎射の名手でもある李陵は兵を熱心に鍛錬してゐたから、輸送任務の輜重では情無く、戰鬪部隊として行かせて欲しいと嘆願する。が、漢軍には騎馬の餘力《よりよく》が無く、李陵の歩兵では騎兵隊と戰ふのは覺束《おぼつか》ない。しかし輜重に回される位なら「己の爲に身命を惜しまぬ部下五千と共に危《あやふ》きを冒」したいと訴へる李陵に武帝は喜び、李陵軍は戰鬪部隊として北方の邊地《へんち》に進發《しんぱつ》する事になる。處が、邊地の老將が若き李陵の下風《かふう》に立つのを嫌ひ、攻撃を春迄遅らせたいと密かに武帝に奏上した。武帝は激怒する。李陵が急に怖氣《おぢけ》づいたと取つたのだ。無論、李陵の與《あづか》り知らぬ事だつたが、激し易い武帝の命によつて李陵は「騎兵を伴はぬ北征」を敢行せざるを得なくなり、嚴しい氣候の中、數千里の行程を進み、十萬以上の敵軍に立向ふ。李陵軍は善く戰ひ何度か猛攻を退けるが、終に力盡きて最後の包圍《はうゐ》突破を試み、混戰の中、李陵は敵に生け捕られて了ふ。

　敗報に接した武帝が李陵の處置を重臣に諮《はか》ると、武帝の怒りを恐れ李陵を罵《ののし》る者ばかり。が、太史令《たいしれい》・司馬遷《しばせん》のみは李陵の「善戰」を辯護《べんご》して、「上の聰《そう》明を蔽《おほ》はう」とする「君側《くんそく》の佞人《ねいじん》ばら」を痛烈に非難した。その揚句、司馬遷は職を追はれ、「男を男でなくする奇怪な刑罰」、宮刑《きゆうけい》に處せられる。「刑罰も數ある中で、よりによつて最も醜惡な宮刑にあはうとは！」狂亂する司馬遷は「生きることの歡《よろこ》びを失ひ」盡すが、史家たる己が使命の遂行に辛《から》うじて歡びを覺えつつ、八年後、「史記」百三十巻を完成する。

　一方、李陵は匈奴の王に武勇を讃へられ厚遇されるが、漢人たる自覺を失ひはしない。だが、匈奴に降り匈奴兵を鍛へた別の李將軍と誤認され、武帝の怒りを買ひ、老母妻子弟を殺される。李陵は武帝を憎み漢を見限るが、死んだ部下を思ひ匈奴軍に加はらうとはしない。そんな折、やはり匈奴に囚はれ嚴寒の地で鼠を食ひ漢人の意地を守り續ける蘇武《そぶ》に會ふ。「運命と意地の張合ひをしてゐる」乞食の如き彼の姿に李陵は壓倒《あつたう》される。蘇武は「やむを得ぬ」事情があつても自らに「やむを得ぬのだ」といふ考へ方を許さうとせず、人知れず死なうとしてゐるのだ。やがて武帝が死に和平の氣運が高まり、李陵は捕虜交換で歸還《きかん》を勸められるが、首を縱《たて》に振る事が出來ない。蘇武は生存が知られ歸國する事になる。李陵は「天はやはり見てゐたのだ」との感に打たれる。

中島敦を魅了したのは「世界のきびしい惡意」(「牛人」)に翻弄される人間の姿であつた。李陵も司馬遷も蘇武もそれに三者三様に立向ふが、無論、題名が示す通り、李陵こそは作者が最も描きたかつた人物である。「李陵にとつて蘇武の存在は崇高な訓戒でもあり、いらだたしい惡夢でもあつた」と中島は書いてゐるが、如何に「やむを得ぬ」事情があつても、人たる者は「やむを得ぬのだ」といふ考へ方を自らに絕對に許してはいけないのか。しかし蘇武の純粹な生き方は實に美しく、それに比して惱み惑ふこの己れの有様はどうか。さういふ倫理的葛藤の眞摯、自己呵責《かしやく》の凄絶《せいぜつ》は中島文學の大きな魅力であり、その根柢には彼の「ありうべからざるほど暗い」(武田泰淳)人間觀が存してゐるのだが、最早《もはや》それを説明する紙幅《しふく》が無い。ともあれ、自己と世界とを假借《かしやく》なく見据ゑる嚴しい眼差《まなざし》、それに相應《ふさは》しい理知的で緻密で雄《ゆう》勁《けい》な文章等々、微温的で情緒的な吾國の文化風土に於て、中島敦の文學は眞に得難い。

(中島敦全集第一巻、筑摩書房)

跋《ばつ》

本書は平成二十三年七月から六年餘に亙つて「時事評論石川」の「この世が舞臺」に連載したコラムを纏《まと》めて一冊にしたものである。但し、平成三四年に「文武新論」の「この世が舞臺」に連載した分からも幾つか選んで收めてある。「時事評論石川」も「文武新論」も共に中澤茂和氏の編輯によるミニコミ紙であり、私の前著「常に諸子の先頭に在り――陸軍中將栗林忠道と硫黄島戰――」(慧文社)も中澤氏の編輯する「月曜評論」に連載された文章を一冊に纏めたものだから、本書の上梓《じやうし》に當つては、何を措《お》いてもまづは中澤茂和氏に御禮を申し述べねばならない。「時事評論石川」のコラムは、私が勤め先の大學を辭《や》めて鄕里の仙臺に戻つた翌年、中澤氏から電話があつて、連載コラムを擔當《たんたう》して欲しいと依賴されて始めたものだが、それが六年以上も續けられるとは思ひも設《まう》けぬ事だつた。取上げるに價《あたひ》する作品を毎月選び出すのはなかなか骨が折れるが、御蔭で日本や歐米の既知の先人とは附合を新たにし、未知の先人からは新しい世界の存在を教へられて、私の文學の世界は格段に廣《ひろ》がり、豐かになつたやうな氣がしてゐる。コラムの連載も未だ暫くは續けられるさうだから、いづれ本書の續篇が刊行出來ればと願つてゐる。

本書の題名「賢者の毒」は、「愚者が蜜をくれようとしたら唾を吐きかけろ。賢者が毒をくれたら、一氣に飲め」といふ、名作「どん底」の作者ゴーリキーの言葉に基いてゐる。私がこの言葉を初めて知つたのは、思へば隨分昔の話になるが、恩師の故松原正早大名譽教授の最初の單行本「人間通になる讀書術」（德間書店）によつてであり、その副題が「賢者の毒を飲め、愚者の蜜を吐け」となつてゐた。師匠はこの副題の方を書名にしようと考へた事もあつたらしいが、私は本書の題名をあれこれ考へた末、「賢者の毒」こそ打つて附けだと思ひ、師弟の誼《よしみ》で勝手ながら拜借する事にした。

實際、私が取上げた作家達は誰一人として讀者に甘い「蜜をくれようと」はしてゐない。舊約聖書「ヨブ記」のヨブは、人生の答へ無き問題を答へあるが如くに思ひ做《な》して安直な處方箋《しよはうせん》を書きたがる手合について、「いつはりを造り設《まう》くる者」、「無用の醫師《いし》」と罵倒《ばたう》したが、本書に登場する作家達はその種の「無用の醫師」の愚劣淺薄《せんぱく》とは無緣である。それゆゑ彼等は決して「いつはり」や綺麗事を云はない。フォークナーが「エミリーの薔薇」に描いた、悍《おぞ》ましき過去の相續人たる事を免れぬ人間の慘《みじ》めさも、クライストが「公子ホムブルク」に描いた、外界の偶然に翻弄されて激しく動搖する人間の心の危ふさも、トルストイが「神父セルギイ」に描いた、肉欲や自己愛をどうしても克服出來ぬ人間の弱さも、全ては人間的な餘《あま》りに人間的な、古來變《かは》らぬ人間性の眞實《しんじつ》以外の何物でもなく、メルヴィルが「詐欺師――假面芝居の物語――」に於て云ふ、人間にとつての「死なねば直らぬ痛み」に他ならないが、それら生きてある限り克服し得ぬ宿命的眞實に對して、彼らは徹《てつ》頭徹尾《とうてつび》正直である。

日本の作家も同じであつて、樋口一葉は「この子」なる小品に於て、「我身の心をため直さうとしないで人ごとばかり恨《うら》めしく思」ふ女が、「我身の心」の外部にあるものは悉《ことごと》く恨めしくなり、果ては我が腹を痛めた赤子に對してすら、「お前さへ亡《なくな》つて吳《くれ》たなら」などと思ふ樣な、「情けない」心の闇に迷ひ込む有樣を描いた。卽ち一葉は女の心中に、詰りは己が心中に「鬼」を見たのだ。フォークナーのノーベル賞受賞講演に於ける言葉を藉《か》りて云へば、一葉は「自らの心と心との挌鬪といふ、唯一書くに價する問題を忘卻《ばうきやく》」する事がなかつたのである。

さういふ「自らの心と心との挌鬪」から生み出される眞摯な日本人の文章に、當節《たうせつ》は滅多に出逢ふ事が無い。けれども、少しく脱線するが、例へば江戸時代の先人の文章にも、吾々は「自らの心と心との挌鬪」の跡を如實に見て取る事が出來る。鈴木正三《しやうさん》の「盲安杖《まうあんぢやう》」もさうである。正三は德川家康・秀忠の二代に仕へた三河以來の譜代《ふだい》旗本であり、關ヶ原の陣や大阪夏の陣にも奮戰した歷戰の勇士だが、四十一歲の時佛門《ぶつもん》に歸衣《きえ》し、爾《じ》來《らい》、修行や述作や教化活動に生涯を費した。次は

「盲安杖」の一節である。

萬事《ばんじ》を愼《つつし》む人も、うき世の思惑計《おもはくばかり》に耻《はぢ》て、外をかざり内心のあやまりをかくすなるべし。かたのごとく世にそむかぬほどの人も、内心には科有《とがある》べし。心を敵にしてひとりつゝしめ。心中のあやまり、人はしらねども、我慥《われたしか》に是《これ》をしる。こころをすまして是を思へ。（中略）己に心ゆるすな。歌に、無き名ぞと人には云ひて有《あり》ぬべし心のとはゞ何と答《こたへ》む。

正三の著しい特色は、己が「心中のあやまり、人はしらねども、我慥に是をしる」といふ類の、頗る眞率な自己省察が一貫して貫かれてゐる點にある。それゆゑ、「心中のあやまり」を省みずして他に安直に佛法《ぶつぽふ》を説くやうな手合を、彼は嚴しく糾彈《きうだん》して已《や》まない。有名な語録「驢鞍橋《ろあんけう》」にかうある、「今時諸方《いまどきしよはう》に、安く佛法を授《さず》くる人多し。我は授くべき物なし。我處《わがところ》に來ての得《える》所には、何とも成《なら》ぬ物ぢやと云《いふ》事を知るべし。是を授け申《まうす》ぞ」。正三は七十六歳で死ぬ間際迄も、己が「心中のあやまり」を克服出來ぬ「餓鬼畜生」たる自らの爲體《ていたらく》を正直に告白し、嘆いてをり、「何とも成ぬ物ぢや」といふのは、さういふ彼の衷心《ちゆうしん》よりの慨嘆《がいたん》である。然るに、「何とも成ぬ物ぢや」と痛切に思ひ知る事の無い輩《やから》が世間には多いから、「安く佛法を授くる」やうな愚かな眞似をやりたがり、またそれに容易《たやす》く騙《だま》される手合も多い譯だが、「毒薬變《へん》じて藥と成《なる》と云《いふ》が如く、藥變じて毒と成。結句《けつく》怨《あだ》と成こと多かるべし」と正三は云ふ。彼ならば、先に引いたゴーリキーの言葉にさぞや共感した事であらう。

正三は明暦元年（一六五五年）に歿するが、その四年後の亨保元年に生れた山本常朝（「葉隱」の語り手）は正三の「佛教的武士道」に啻《ただ》ならぬ關心を寄せ、「驢鞍橋」を熟讀し、正三の直弟子から教へを受け、正三が「盲安杖」に引いた「歌」に自らも言及して、「『心のとはばいかが答へん』と云下句《いふしものく》ほど有《あり》がたきはなし」と語ってゐる。「今時の利口者といふは、智恵の外を錺《かざ》り紛《まぎら》かす事ばかりをする」が、「右の下句にて心を究見《きはめ》れば隱《かくし》所《どころ》はなき成り。能《よ》き究役《きはめやく》也。此《この》究役に逢《あひ》て恥《はづ》かしからぬやうに心を持《もち》たき也」といふのである。

江戸時代の正三や常朝から明治の一葉に至るまで、「心のとはばいかが答へん」との「究役に逢て恥かしからぬやうに心を持」たうとする日本人は確實に存在した。本書に取上げた大正昭和の火野葦平や中島敦の文學にも、さういふ自覺は明らかに生きてゐる。フォークナーが云つたやうに、彼等は「唯一書くに價する問題を忘卻」せぬ日本人であつた。そして、日本と歐米とを問はず、「自らの心と心との格鬪」無くして、優れた文學が生み出される事は決して無い。けれども、「自らの心と心との格鬪」が成立つ爲には、在るが儘《まま》の己れの「心を敵にして」、それに「心ゆる」さず、それと眞劍に戰ふ生き方こそが、人たる者の全うな生き方だといふ事が信じられてゐなくてはならない。フローベールの「ヘロヂアス」を取上げたコラムを、私はかう結んだ。

「人間的な不足感」が無くなつて了つたら、我々は「小鳥よりも愚劣な存在になるでせう、少くとも小鳥は木にとまるのです」とフローベールは手紙に書いた。人としての眞摯《しんし》な向上心を持たずして、「ありのまま」の己れの儘にぬくぬくと人生を送る様な生き方を彼は心底輕《けい》蔑《べっ》した。

本書は何よりもまづ、「ありのまま」の己れと本氣で格鬪した作家達の作品を紹介したものである。今の我々が果して「小鳥よりも愚劣な存在」以上のものであり得てゐるのかゐないのか。正三はよく人間を「蛆袋《うじぶくろ》」だの「糞袋《くそぶくろ》」だのと呼んだが、己れが只の「蛆袋」でも「糞袋」でもないと、果して我々は自信を持つて云ひ切れるのかどうなのか。詰る處《ところ》、本書に登場する作家達の多くはさういふ自省に我々を導いてくれるのである。

處で、本書は、日本文化と歐米文化との傳統の相違を際立たせるべく、日本篇と歐米篇とに分けると共に、それぞれ年代順に作品を配列してある。明治の昔、森鷗外が喝破《かっぱ》したやうに、「東洋の文化と西洋の文化が落ち合つて渦を巻いてゐる」近代日本にとつて、「東西兩洋の文化を、一本づつの足で踏まへて立つ」事の出來る「二本足の學者」は無くては叶はぬ存在であつて、その重要性は平成の今も何一つ變《かは》りはしない。鷗外の「不思議な鏡」なる短篇に、次のやうな一節がある。夫の買ひ込む西洋の書籍の代金が嵩《かさ》んで困ると、算盤を彈《はじ》きながら不滿を洩らす細君と夫との遣取りである。


「さうだらう。併《しか》しそれは爲方《しかた》がない。あれは己《おれ》の智慧《ちゑ》が足りないから、西洋から借りて來るのだ。どうせ借物をしてゐては、自分で考へ出す人には慊《かな》はないが、どうもあれがなくては、己の頭の中の遣繰《やりくり》が旨く附かないからなあ。」

「そんなに西洋から借りてゐて、いつか返せて。」

「それは己の代にはむづかしい。子や孫の代にもどうだか。何代も何代も立つうちには、返す時もあるだらう。」

「まあ、のん氣な話ね。」


鷗外の生きた時代から「何代も何代も立つ」たけれども、平成も終らうといふ今、鷗外が夫に語らせてゐる事がもはや遠い過去の話でしか無く、日本人は今や西洋からの「借物」に頼る必要はないのだと、果して云へるものかどうか、讀者は本書を讀んでとくと考へてみて貰ひたい。また、「自分で考へ出す人には慊はない」とも、夫即ち鷗外は云つてゐるが、西洋の獨自の「智慧」の因《よ》つて來《きた》る淵源《えんげん》についても、讀者はぜひ思ひを致して貫ひたい。その事に關聯して、以下、やや長いが、現代アメリカの知識人ジェフリー・ハートの西洋文明論の一端を紹介して、讀者の參考に供しようと思ふ。文中、「アテナイ」とは、ホメロスに始まりソクラテスやプラトンを生んだヘレニズムの精神を、「エルサレム」とは、舊約聖書のモーゼに始まりイエスやパウロを生んだヘブライのそれを象徴してゐる。

　アテナイとエルサレムとは現實的存在であると同時に象徴的存在でもある。象徴的な意味では、「アテナイ」は現實の一切を哲學的かつ科學的に把握《はあく》しようとする態度であり、その目的は知的認識であるが、他方、「エルサレム」は嚴しい鍛錬による洞察《どうさつ》及び聖なるものへの憧憬《しょうけい》からなる聖書的傳統《でんとう》を本質と成す。そしてこれら二つが一體《いったい》となつて次の如き疑問を提出する。卽ち、現實の全ては數學の方程式の如きものにより一層近いのか、それとも、ロバート・ペン・ウォーレンがかつて述べたやうに、この世界の錯綜《さくそう》ただならぬいとも謎めいた美を表現する、複雑にして驚嘆すべき詩の如きものにより一層近いのか。この疑問に對し西洋文明は何世紀にも亙《わた》つて、そのいづれか一方ではなく、いづれもが正しいのだといふ形で答へて來た。アテナイの傳統もエルサレムの傳統も共に二つながら肯定して來たのである。アテナイとエルサレムの相互作用は極めて動的なものであり、その特徴は熾烈《しれつ》な緊張、綜合の爲の度重なる試み、及び徹底的な衝突に他ならない。この動的關係こそが西洋文明の顯著《けんちょ》な特質であつて、物質的な面に於ても靈《れい》的な面に於ても、卽ち、アテナイ的な面に於てもエルサレム的な面に於ても、最も偉大な成果を齎《もたら》す活力の源泉であると同時に、絶えざる活動の原動力となつて來たのだ。エンパイア・ステート・ビルディングや金門橋、水素融合反應《はんおう》、マイクロチップのやうなものに於てはアテナイの認知科學の支配が顯著だが、靈的なものへの憧憬もまた確實に存在する。シャルトル大聖堂やバッハの音樂、スタンフォード・ホワイトがデザインした聖バーソロミュー教會のポーチ、ジェラルド・マンリー・ホプキンズやT・S・エリオットの詩に於てはエルサレムの靈的なものへの憧憬が強く働いてゐるが、アテナイの精神もまた痕跡《こんせき》を殘してゐるのである。（「文化的破局の中微笑を湛《たた》へて――高等教育の再生に向けて――」、エール大學出版、二〇〇一年）

ホメロスとモーゼの昔から二十一世紀の今日に至る迄、西洋文明の「活力の源泉であると同時に、絶えざる活動の原動力となつて來た」もの、それこそは、ハートの云ふやうに、「知的認識」も「聖なるものへの憧憬」も、卽ち「アテナイの傳統もエルサレムの傳統も共に二つながら肯定する」、甚《はなは》だダイナミックな精神傳統に他ならず、正にさういふ「動的關係」の傳統を母胎として、本書の歐米篇で取上げた數々の作品も生れて來たのだ。

ハートの本の題名は「文化的破局の中微笑を湛へて――高等教育の再生に向けて――」となつてゐるが、ハートによれば、行き過ぎた平等思想ゆゑに西洋の「最も偉大な成果」を輕視しがちな、現代アメリカに於ける大學カリキュラムの現狀は、「文化的破局」の端的《たんてき》な表徴《へうちよう》といふ事になる。けれども、その只中を「微笑を湛へて」歩み行く、とも彼は云ふ。彼の所謂《いはゆる》「アテナイとエルサレムとの間に生ずる創造的な緊張關係」の追求の裡に、必ずや「再生」の可能性が存すると堅く信じてゐるからである。が、外國《とつくに》アメリカの事はさて措き、「文化的破局」の末期症狀を呈してゐるかに見える今日の日本の事を考へる時、その「再生」の可能性を吾々は一體何處に求めたらよいのであらうか。

それはともかく、以上、コラム連載中も常に私の念頭を離れなかつた、年來の私の關心事について急ぎ足で説明したが、無論、それはそれとして、讀者は本書を好きな樣に讀んでくれたらよいし、何よりも本書が東西の本物の文學の魅力に親しむ切掛となつてくれる事を私は願つてゐる。なほ、平生《へいぜい》文學に馴染みの薄い讀者の便宜《べんぎ》のため作者小傳を附したので參考にして貰ひたいが、小傳の作成に當つては、新潮世界文學小辭典、新潮日本文學小辭典その他を參照した事を附記して置く。

最後になるが、コラムの連載中、既知未知の讀者から随分激勵《げきれい》の言葉を頂戴した。毎回切り拔いてゐると云つてくれた讀者もゐるし、早く單行本にせよと何人かの讀者にせつつかれもした。一々御名前は擧げないが、この場を藉《か》りて篤《あつ》く御禮を申し上げる。

留守　晴夫

平成三十年三月

ワ行

ヤ行

ラ行

マ行

タ行

カ行

サ行

索　引

*イタリク體數字は「作家小傳」中の人名に關するもの。

ア行

著者略歴

留守晴夫（るすはるを）

昭和23年（1948年）　宮城縣仙臺市生
昭和46年　早稲田大學第一政經學部政治學科卒業
昭和52年　早稲田大學文學研究科英文科博士課程中退
平成21年3月迄　早稲田大學文學學術院教授（アメリカ文學專攻）

著書

「常に諸子の先頭に在り－陸軍中將栗林忠道と硫黄島戰－」（慧文社）

譯書

「ビリー・バッド」ハーマン・メルヴィル（圭書房）
「バートルビー／ベニト・セレノ」ハーマン・メルヴィル（圭書房）
「南北戰爭の遺產」ロバート・ペン・ウォーレン（圭書房）

賢者の毒

2018年　4月　初版第一刷發行

著者　留守晴夫

發行所　圭書房　〒981-3225 仙臺市泉區福岡字岳山 7-89
電話 022-379-0323　FAX 022-774-1925
URL haruorusu.web.fc2.com/
Email keishobo@leaf.ocn.ne.jp
裝幀・本文組　葉yo

ISBN978-4-9904811-6-2

圭書房の本

ビリー・バッド　ハーマン・メルヴィル著　留守晴夫譯

「こんな素晴しい物語は讀んだ事がない。ああ、こんな作品が書ければよかつた」と、死期を眞近に控へたトマス・マンをして叫ばしめた、アメリカ最大の作家ハーマン・メルヴィル最後の傑作の新譯。

好評既刊　定價　千六百二十圓（税込）
電子書籍版　https://www.dlmarket.jp ¥994

バートルビー／ベニト・セレノ　ハーマン・メルヴィル著　留守晴夫譯

大作「モービー・ディック」の作者メルヴィルは、優れた中短篇小説の書き手でもあつた。ニューヨークの若き代書人の謎めいた生涯を通して、神無き虚無の世界に於ける人たる者としての生き方を追究した「バートルビー」、黒人奴隷に乘つ取られたスペインの奴隷運搬船を舞臺に、いつの世にも變らぬ人間性の深淵を剔抉して、樂天的な人間觀を痛烈に批判した「ベニト・セレノ」。メルヴィルの代表的中篇小説二篇を正統表記の新譯で送る。

好評既刊　定價　千七百二十八圓（税込）
電子書籍版　https://www.dlmarket.jp ¥1,058

南北戰爭の遺產　ロバート・ペン・ウォーレン著　留守晴夫譯

今から約半世紀前の千九百六十一年、アメリカは南北戰爭勃發百周年に沸いたが、その喧噪の中から生れた「最も理知的な評言」と評されるのが、二十世紀アメリカ文學を代表する一人、ロバート・ペン・ウォーレンによる「南北戰爭の遺產」である。小册ながら、南北戰爭が今日のアメリカを形作つた所以、今なほアメリカ人の心を強く惹きつけて已まぬ理由、戰爭や歷史や文化の普遍的本質等々について、教へられる處の頗る多い名著である。詳細な解說、豐富な寫眞と圖版、年表や索引を附して、讀者の便宜を圖つた。

好評既刊　定價　千九百四十四圓（稅込）

電子書籍版　https://www.dlmarket.jp ¥1,188

松原正全集　第一回配本、第一巻「この世が舞臺 増補版」解說＝大島一彥

私は人生の諸問題に關する卽效性のある忠告といふものを信じない。それらはいづれも「愚者の蜜」だからである。けれども、吾々は駄本だけではなく名著をも讀む。では名著を讀む事にはいかなる效用があるのだらうか。大風呂敷は廣げまい。「愚者の蜜」に騙されなくなるといふ事である。「古典」とか「名著」とか稱せられる作品は、天才や賢人の眞劍な思索の結晶であり、それとじつくり附合へば、吾々はこの世に充滿してゐる噓八百を見抜けるやうになる。それは素晴しい事ではないか。（「プロローグ」より）

好評既刊　定價　二千九百十六圓（稅込）

電子書籍版　https://www.dlmarket.jp ¥2,041